农村电商运营

从策略到实战

裘涵 范志刚 丁晖 等著

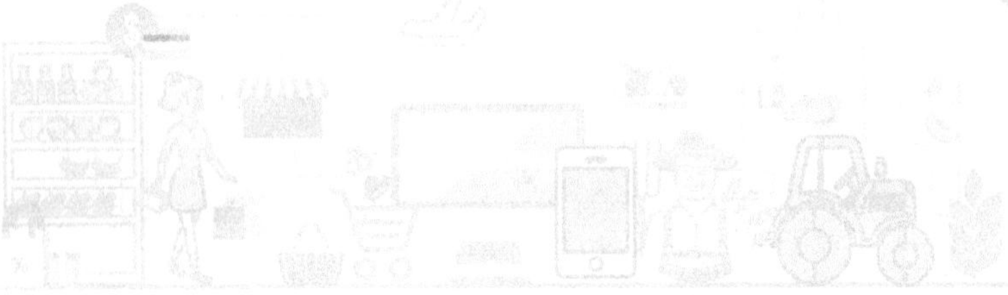

電子工業出版社
Publishing House of Electronics Industry
北京•BEIJING

内容简介

《农村电商运营：从策略到实战》从如何做好农村电商这个角度入手，详细解答了农村电商是什么，农村电商的新机遇在哪里，以及如何在农村进行电商创业等问题。

本书不仅对当前的农村电商进行了剖析，更重要的是对如何在农村从事电商创业进行了深入的分析，也从平台选择、运营方案、常见问题等方面为农村电商创业提供了详尽的指导方案。

本书既有高层面的商业战略，又有可操作性的战术指导，案例丰富，可读性强，并为从业人员提供了容易上手的表格运营工具。本书适合从事农村电子商务的相关人员、传统产业人士、电商创业者等阅读。

图书在版编目（CIP）数据

农村电商运营：从策略到实战／裘涵等著．—北京：电子工业出版社，2018.3
ISBN 978-7-121-33690-4

Ⅰ．①农…　Ⅱ．①裘…　Ⅲ．①农村－电子商务－商业经营－中国　Ⅳ．①F713.365.2

中国版本图书馆 CIP 数据核字（2018）第 029456 号

责任编辑：张彦红
印　　刷：北京盛通商印快线网络科技有限公司
装　　订：北京盛通商印快线网络科技有限公司
出版发行：电子工业出版社
　　　　　北京市海淀区万寿路 173 信箱　　邮编 100036
开　　本：720×1 000　1/16　印张：12.25　字数：196 千字
版　　次：2018 年 3 月第 1 版
印　　次：2021 年 2 月第 4 次印刷
定　　价：49.80 元

凡所购买电子工业出版社图书有缺损问题，请向购买书店调换。若书店售缺，请与本社发行部联系，联系及邮购电话：（010）88254888，88258888。

质量投诉请发邮件至 zlts@phei.com.cn，盗版侵权举报请发邮件至 dbqq@phei.com.cn。

本书咨询联系方式：（010）51260888-819，faq@phei.com.cn。

序

农村电商："互联网+乡村"风口下的实践探索

我国电子商务产业发展至今，一二线城市电商市场正逐渐饱和，而三线及以下城市和农村地区的广阔市场则亟待挖掘和开发，渠道下沉成为所有电商平台的必然趋势。在农村地区，随着互联网的普及和农村基础设施的逐步完善，农村与互联网商业文化的连接日趋紧密，农村电子商务呈现出迅猛的发展势头，交易量持续保持高速增长。农村电商已成为农村转变经济发展方式、优化产业结构、促进商贸流通、带动创新就业、增加农民收入的重要动力。

农村电商当前虽然势头良好，但发展并非一路坦途，它面临着很多挑战。如农村网络基础设施不完善，网络普及率低，农产品同质化，质量标准认证难，物流配套设施差，流通环节的分拣、包装、配送、验收等标准有待健全，电商人才缺乏等多种问题，这些问题极大地限制了农村电商的发展。在这众多问题之中，人才问题又是制约农村电商发展的瓶颈。"人才缺口大，人才引入难，留住更难"，如何解决农村电商人才问题是摆在任何县域面前的重大课题。

人才培养是否有效，要看有没有好的老师、好的教材和好的教法。农村电商培训轰轰烈烈地开展了多年，具有理论和实战经验的讲师不少，也不乏各种教育实践方式的探索，但是市场上还是缺少专业性的学习教材。阿里巴巴商学院作为一所专门为电子商务和互联网新经济培养人才的学院，就理应承担起为农村电商培养人才的责任和义务。本书的作者裘涵和范志刚老师是阿里巴巴商学院活跃在县域和农村一线的老师，在农村电商、县域互联网经济等方面的研究上积累了多年的心得和经验。在过去几年，裘涵和范志刚等老师也调研考察了中国很多县域电商的发展状况，并孜孜不倦地致力于人才培训、电商产业咨询、电商扶贫、电商公益等方面的工作，在全国很多地方都留下了实践服务的足迹。

本书对农村电商创业人士如何掌握电商技能、电商创业知识等方面进行了非常系统的说明，并结合大量案例将电子商务宏观背景和微观实操较为完美地结合在一起。本书是农村电商领域较为难得的系统性的学习教材，农村电商创业者通过此书自学，可以快速洞察农村电商的创业机会、掌握农村电商业态、习得电商实战技巧。

有鉴于此，我愿意向大家推荐《农村电商运营：从策略到实战》这本书，并祝愿中国广大农村电商的创业者们都能在创业的路上一步步走向成功。

阿里巴巴商学院执行院长

教育部电子商务类专业教指委委员

自　　序

2014年以来，农村电商已经逐渐成为社会各界关注的热点，成为农村经济发展的一个重要抓手。据商务部发布的数据，2017年上半年我国农村实现网络零售额5376.2亿元，同比增长38.1%，高出城市4.9个百分点，占全国网络零售总额的17.3%。农村电商快速发展具体表现在网络零售规模继续保持加速增长态势，农村网络零售结构不断优化，中西部及东北地区农村电商增长迅猛，电商示范成效明显等方面，尤其是农村示范县的网络零售额增长和电商扶贫效果显著。

我们完全可以预期，在国家政策的大力扶持下，在“互联网＋乡村”战略的大力推进下，在新消费升级的刺激下，在产业融合的倒逼下，农村电商还将持续具备快速发展的空间，但是我们也不难看到，农村电商的发展并不会一帆风顺，尤其是农村电商人才的缺乏局面将会长期存在。有鉴于此，我们以阿里巴巴商学院从事县域电商和农村电商研究的骨干教师为核心团队，组织了农村电商教材编写小组，力图为中国农村电商的人才培养编写出一本适合的教材，它不仅具备较为完整的体系，还能融入最新的实操内容。

诚然，我们深知在这个日新月异的农村电商领域编写这样的一本教材是一个巨大的挑战，但农村电商人才的培养非常需要有人去尝试构建相应的教学培养体系，包括相应的教材编写，于是我们还是决定迈出这一步。

在这里我要感谢本书编写组每一位同仁的倾力付出。除了我，还有阿里巴巴商学院副教授、浙江省现代电子商务研究院常务副院长范志刚，杭州易传识CEO、研究院副院长丁晖，以及研究院岑伊万、郑铭钊、陈冬梅、陈坤极、张小立等研究员，他们都为此书的成稿付出了巨大的努力。本书能够顺利出版，离不开电子工业出版社张彦红和陈林编辑的大力支持，在此一并致谢！

2017年11月1日

轻松注册成为博文视点社区用户（www.broadview.com.cn），扫码直达本书页面。

- **下载资源**：本书提供配套资源文件，可在 下载资源 处下载。
- **提交勘误**：您对书中内容的修改意见可在 提交勘误 处提交，若被采纳，将获赠博文视点社区积分（在您购买电子书时，积分可用来抵扣相应金额）。
- **交流互动**：在页面下方 读者评论 处留下您的疑问或观点，与我们和其他读者一同学习交流。

页面入口：http://www.broadview.com.cn/33690

目　录

1　认识农村电商 1

1.1　什么是农村电商 2

1.1.1　引言 2

1.1.2　农村电商的定义 2

1.1.3　农村电商的发展背景 3

1.2　农村电商的范畴 5

1.2.1　农村电商的“上行”与“下行” 5

1.2.2　上行的主要问题详述 7

1.2.3　下行的主要问题详述 10

1.2.4　农村电商中必要的基础设施 11

1.3　农村电商发展进程 13

1.3.1　发展经历和存在的问题 13

1.3.2　阶段性里程碑事件 15

1.4　农村电商发展中遇到的主要挑战 19

1.4.1　产品供应链方面的挑战 19

1.4.2　农产品标准化的挑战 20

1.4.3　三段物流的困难 21

1.4.4　农村电商营销与创新方面的挑战 22

1.4.5　人才培养与人才下乡的挑战 23

2 农村电商发展新机遇......27
2.1 行业机遇......29
2.1.1 农村经济不断升级加热......29
2.1.2 农村电商市场已悄然成熟......30
2.2 政策机遇......32
2.2.1 “互联网+”深入链接三农......32
2.2.2 农村电商赋予脱贫新动力......34
2.2.3 社会焦点绕不开创业创新......36
2.3 技术机遇......38
2.3.1 新技术迭代更新的速率加快......38
2.3.2 强化技术支撑美丽乡村建设......40
2.4 人才机遇......42
2.4.1 电子商务教育培训如火如荼......42
2.4.2 农村电商发展带动人才回流......43
2.5 基础设施机遇......44
2.5.1 传统基础设施面貌焕然一新......45
2.5.2 互联网基础设施下基层......47

3 农村电商解决问题之道......50
3.1 加大政策扶持......54
3.1.1 政策必要性......54
3.1.2 政策扶持八大方向......54
3.2 加强农村电商基础设施建设......56
3.2.1 建立健全农村物流配送体系......57
3.2.2 加强农村信息网络建设......58
3.3 加强农村电商人才培养......59
3.3.1 农村电商人才分类......60
3.3.2 农村电商人才培养分析......61

3.4　大力推进农产品品牌化与标准化 67
3.4.1　品牌化建设 67
3.4.2　农产品标准化建设 69
3.5　加快构建农产品网络销售体系 72
3.5.1　构建多元化的农产品网络销售体系 72
3.5.2　农产品网络营销策略创新 73
4　农村电商运营方案 77
4.1　农村电商的运营特点 78
4.1.1　农村电商主流销售模式 78
4.1.2　农村电商运营的优劣势 79
4.2　市场调研 79
4.2.1　农村市场的商品特点 79
4.2.2　市场调研手段 79
4.3　商品管理 82
4.3.1　加工成本 82
4.3.2　仓储成本 84
4.3.3　流通成本 84
4.3.4　产品定价 85
4.4　营销策划 87
4.4.1　品牌策略 89
4.4.2　产品策略 91
4.4.3　价格策略 92
4.4.4　促销策略 93
4.4.5　创新营销案例 96
4.5　客户维护 99
4.5.1　客户服务 99
4.5.2　客户体验 100

4.5.3 客户关系维护 102
4.6 财务管理 103
4.6.1 采购成本 103
4.6.2 网店基础成本 104
4.6.3 支付宝退款 105
4.6.4 网店引流成本 106
4.6.5 店铺经营利润 106
4.6.6 项目成本 107

5 农村电商创业平台选择与运营基础 110

5.1 农村电商创业平台介绍 111
5.1.1 B2C平台介绍 111
5.1.2 C2C平台介绍 112
5.1.3 其他平台介绍 114
5.2 淘宝店铺基本介绍 115
5.3 淘宝店铺开店流程 121
5.3.1 注册淘宝账户 121
5.3.2 选择开店类型 122
5.3.3 支付宝实名认证 122
5.3.4 淘宝开店认证 126
5.3.5 创建店铺 129
5.4 店铺软硬件准备 131
5.5 简易图片拍摄和处理 132
5.6 宝贝发布及管理 133
5.7 简易店铺装修技巧 137
5.8 单品运营逻辑和基本引流技巧 140
5.9 店铺活动资源和推广工具 141
5.10 农产品的商品化和网货化 142

5.11　老客户维护与营销管理 143
5.12　微商基础介绍及推广技巧 143

6　农村电商运营进阶及常见问题防范 145

6.1　店铺运营的总体计划和思路 146
6.2　电商团队的组建、管理和激励 147
6.3　电商运营实用工具介绍及使用技巧 149
6.4　电商类目选择及品类规划 154
6.5　电商品牌定位及视觉呈现 155
6.6　产品详情页的设计逻辑及优化技巧 157
6.7　无线端（手机店铺）的装修及推广 159
6.8　店铺推广流量数据分析 162
6.9　店铺爆款的打造和延续 164
6.10　店铺搜索优化（SEO）方法和技巧 166
6.11　直通车推广技巧和优化 170
6.12　淘宝活动的提报技巧与执行 177
6.13　店铺常见法律法规问题 181

1

认识农村电商

1.1　什么是农村电商

1.2　农村电商的范畴

1.3　农村电商发展进程

1.4　农村电商发展中遇到的主要挑战

1.1 什么是农村电商

1.1.1 引言

农村电商，简单地说就是在农村做电商，包括“农村买”“农村卖”。在农村电商发展几年后，农村电商概念也逐步扩大成为县域电商、县域经济。农村电商已经不再简单地是一个农产品买卖的问题，而越来越多地升级成关于农村城镇化进程的问题。谈论农村电商，我们就必须弄清楚几个经典问题：为什么要做？有哪些事情可以做？具体怎么做？

大部分人认为农村电商属于三农惠民的范畴，是帮助农民在农村建立基于互联网和电商的商业模式，以及围绕这样的商业模式，建设成一个行业生态圈，包括物流、支付、通信等周边配套。所以，本书的目标，是在阐述清楚这些问题的过程中，引入大量的案例、实操指导，循序渐进地把农村电商以及县域电商、县域互联网经济背后的目的、前景、模式说明白，无论是行业的从业者，还是有志于在农村和县城创业就业的读者们，都能够得到实实在在的帮助。

1.1.2 农村电商的定义

首先，我们来更准确地定义农村电商。

前面我们说过，农村电商就是农村买、农村卖。在后面的章节中，我们会提到农村网购，例如阿里巴巴村淘项目的农村代购点、京东平台的京东帮代购点，以及配套的比如农村物流中的村级快递配送等话题。

农村卖的话题，则是有志于农村电商从业的读者最关心的，就是如何在农村和县城中经营电商零售业务，把本地的或附近的产品卖到外地甚至外国，并赚取利润，甚至培养出优秀的地区性的电商企业。如此，既能享受农村和县城较低的生活及配套成本，又能结合当地文化特色做差异化零售，还可以利用电商行业最前沿的技术和方法。农村卖到底要如何做呢？我们也将在后面的章节中展开阐述，并且引入很方便实用的电商运营管理工具，帮助大家简化运营工作，使得每个人都有机会参与到农村卖中来。

做完了简述，我们再来看看更准确、更严谨的农村电商的定义吧。

农村电商是将互联网电商技术应用于县、镇、村的农业环境中，提高农业资源利用率，拓展农业产品销售渠道，帮助农业从业者致富的电商业态。

过去的十几年中国电商飞速发展，技术、运营、物流等方面在市场的推动下都在快速更新进步，但发展的成果主要集中在城市。中国农村地理分布比较分散，缺乏规模化效应，种种困难导致难以被电商发展所惠及。中国是个农业大国，农村有不可忽视的广大市场，以及强大的生产能力。在发展社会主义新农村的背景下，把互联网发展技术应用于农村经济是大势所趋。

1.1.3 农村电商的发展背景

说完了农村电商的定义，各位读者很可能还是一头雾水，没关系，我们现在回到农村电商的背景中来理解这个问题。

首先，农村电商最初的发展，是在农村地区网购逐步普及的背景下开始的，但农村的通信、网络、快递、交通等，早期都无法支持便捷的电商网购，更不用说在这样的条件下开网店卖货了，即使有，也是售卖虚拟物品（如充值卡）为主的网店。

那么，各位读者回想一下，这些农村基础设施的建设，这几年是否大幅进步了呢？答案是肯定的，我们今天看到的农村，包括笔者的老家，都在日新月异地追赶城市的发展脚步，甚至在今天的乡镇和农村里，出现了全新的特色民宿、农村主题旅游等新的商业模式（在后面章节会详细阐述）。是不是电子商务推动了这样的进程？不是。这个进程是中国的整体城镇化推动的，过去二三十年国家一直在推动农村城镇化，这是我们今天农村电商话题开始前的大背景。与城镇化大背景一起的，还有一个三农话题的大背景，三农即农村、农业、农民。这是因为我国是从农业大国走来的，三农是我国立国的重要根基，也是各行各业最终需要协同服务的核心领域。电子商务最初产生于城市，发展壮大于城市。在农村越来越像城市的今天，电商自然而然就出现在了村镇中。从三农的角度看，城镇化首先开始于农村，即对土地、公共基础设施的城镇化改造，以及我们看到的拆迁、征地、复耕、污染、环保治理等现象。在对农村这个实体进行城镇化改造多年后，另一个层面的城镇化需求也大幅提升，这就是农民。当物质和实体条件改善后，人们开始在精神上追求更有序、更便捷的生活，因此，三农中关于“农民”这个层面的城镇化开始了。

人这个层面有哪些方面要改变呢？人的生活、工作、娱乐三大日常需要是和电商相关的。当互联网出现后，人们的精神生活很快就开始依赖互联网。此后，因为电商的出现，人们可以用信息和商品来改善自己的日常生活、工作和娱乐。这时的物质改善，有别于第一层次农村的改善，不再是宏观公共的，而是微观个人的。

我们认为，中国整体城镇化发生在三农的第二个层面，即农民个人的层面上，互联网和电商将同时在微观个人的物质生活改善和精神生活改善上发挥关键的作用。我们想象一下，如果没有互联网，今天的农村生活，应该会有很大的不同吧，最新的信息、最新的商品都无法很快地进入农村，农村生活和城镇生活将会有很大的差异，笔者回到老家，一定会感到很无趣，因为很可能连Wi-Fi都没有。

我们再来探讨下一个层面，即农业。今天我们可以看见互联网对农业这个三农的第三个层面的影响，是已经初露端倪的农业智能化、农耕机器人化的趋势，比如无人机在农业中的大量应用。还有因为技术进步而逐步产生的农业规模化、自动化，类似美国的大型农场化农业也会在中国越来越多地替代传统的小农业。除了在农作物生长层面的作用，电商基于互联网长尾需求的特点，要求农村产品能够保证基本的标准化，比如卫生是符合标准的，作物的质量是符合标准的。同时，为了迎合更便捷的生活需求，农产品还需要做深加工，例如，传统的山核桃，市场规模很难短期扩大，但像“三只松鼠”这样的互联网电商坚果品牌，把作为农产品的山核桃进行了深加工，变成了方便购买、运输和食用的预包装零食，这时就可以吸引大量的“吃货”群体在线购买。

综上所述，我们来看看，我们今天谈论的农村电商，到底处于哪个层面、哪个阶段呢？

笔者认为，我们今天（2017年）谈论农村电商，实际上是在谈论互联网和电商对第二个层面即农民的改变，可以说是城镇化到人的层面，是结合互联网产生全新的生活、生产、商业模式等现象的综合概念。这个综合概念，在2014—2017年这三年间，被逐步归结为一个新的概念“县域电商”，而到了2016—2017年间,又被更完备地称为“县域经济”,为什么会从“电商”变成“经济”呢？因为2016—2017年这一年多的时间，整个电商行业也在发生巨大的变化。

作为行业参与者的企业、平台、政府等逐渐看到,电商产业本身因为新技术、新模式的产生，过去十年持续下来的老的电商模式正在受到冲击，新的模式例如移动化、SNS社交、O2O、视频直播、垂直的生活方式、垂直平台等，已经非常明显地改变了以淘宝为代表的“大平台＋小商家”模式。

因此，可以说，本书所探讨的问题，实际是从农村电商这个小的视角去看互联网对三农中人的因素——农民的生活、工作、娱乐等领域的深度城镇化进程的影响和改变。这句话读起来非常费劲，我们结合全新的理解，再简单表述一次：互联网来到县城、村镇，带来了城市中演化出来的生活、工作、娱乐的新的改变，使得村镇的生活更便捷、更舒适。

县域经济话题很大，在本书有限的篇幅中，我们会抓住整个大话题里最关键的重点，就是农村买、农村卖。

在解决了农村买、农村卖的话题之后，首先回顾和审视三农第一个层面——农村的城镇化和互联网基础设施是否已经足够了，如果不够，还有哪些要提升的，还有哪些机会？其次，我们完成本书的目的，就是帮助村镇来理解和实践源自城市的电商模式，探讨如何用电商获得更好的生活，如何用电商更好地生产和赚钱。接下来，我们一起进入农村买、农村卖的话题。

1.2 农村电商的范畴

1.2.1 农村电商的“上行”与“下行”

谈到农村电商，很多人的第一概念就是“卖地方特产”，把农村的产品——

主要是农产品，通过网络销售到全国甚至全世界。但这其实是本书要讲述的农村电商的“上行”部分，对应的，还有农村电商“下行”部分。那么，到底这二者有什么区别？应该怎样理解？

首先简单地理解这两个概念中“上”和“下”的时候，通常把网络作为上，农村（实地）作为下，这样就很容易和电商行业常说的“线上”Online和“线下”Offline这样约定俗成的概念挂钩。因此，上行，也很容易被称为“农产品上网”，但实际上，一个完整的上行，是指产品被售出，完成整个销售确认和评价的过程。同理，下行是指商品从网上被购买，通过配送链到达农村消费者手中的过程。

在农村电商中的上行里，输出的商品以农副产品作为主要品类，这也是为什么市场普遍将农村电商的上行称为农业电商的原因。这里出现了一个新的概念“农业电商”，事实上，农业电商的范畴，也大于农副消费产品的网络买卖，农业电商同时还包括了农资、农业服务、环境保护、大宗B2B等多样领域。在消费品零售作为电商主要语境的电商行业圈，人们很容易把农村电商与农业电商的交集——农产品的买卖，作为狭义的农村电商。毕竟，对于地方政府和农民而言，能够通过电商增加收入、推动生产，是考量一个行业的首要因素。

那么，我们从上面的表述中，已经看到，狭义的农村电商，可以被限制为农产品的上行，并稍微拓展到普通消费品向农村销售的下行。而广义的农村电商，可以把农资、服务、大宗采销等农业电商行为纳入进来。

在中国过去20年的互联网与电商行业发展历程中，我们发现消费领域是这个行业的先锋军，很多新的模式，都是在消费领域首先出现，再启发和带动大宗和工业等生产领域的发展。我们认为，互联网带给产业发展的助力，首先是在信息互通的层面，其次是在整个信息产业的层面。也就是在单纯的信息传播方面，使信息传播变得更加丰富多彩，甚至随着web交互技术的不断发展，使人机互动的方式产生改进。进而，人通过机器与网络能够传递的信息，从单纯的图文转向了音频、视频、体感、表情，并基于这些基础的信息单元，建立金融、信用、行为偏好等大数据的统计学产物。这样的发展，应用于商业领域，就形成了丰富多彩的电商应用，以及基于其上的日新月异的电商模式。

而当这样的信息技术与电商进入农村商业市场时，与农村中原有的商业、农业等行业相结合，就产生了我们称为农村电商的大概念。

1.2.2　上行的主要问题详述

我们再来仔细地看一下农村、农业，到底是什么与电商结合了。

首先，来看看大家最关心的上行。无论是地方政府还是农村电商创业者，“本地特产走出去”是一直没有停止过的梦想。我们在各大电商平台看到过很多“别人家乡的特产”，精美的页面、诱人的产品照片、亲切高效的服务、标准的发货、显档次的包装物料、有创意的产品实物、完善的售后、大量买家诚恳善意的好评……这就是很多人希望达到的“特产电商”的美好场景。

在这个场景里，首先要有的是特产，也就是农副产品，地大物博的中国，各地都有特色农副产品，也有各地引以为豪的特产。而一种特产，要变成“特产电商”市场上的宠儿，需要做一些基本的准备工作，如图1-1所示。

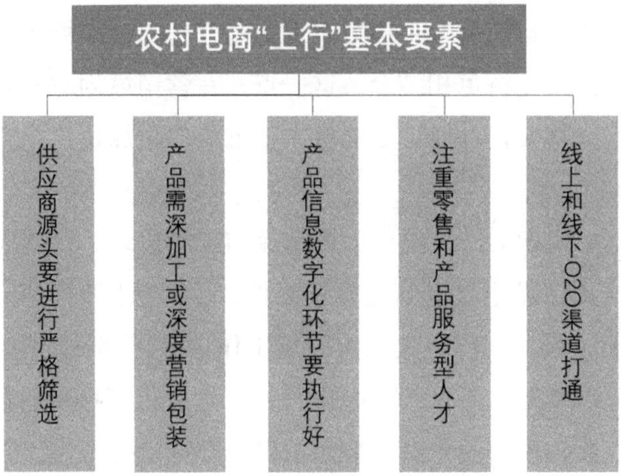

图1-1　农村电商“上行”基本要素

首先是供应源头的严格筛选。在种植、采摘过程中，原来的种植户、加工商，需要更加精细化的运作。在过去的线下流通中，残次品在各个采购环节中被逐步淘汰，但在网购的时候，因为直接面对消费者，环节被减少，作为生产商或者源头供应商的卖家，需要把产品进行仔细的分拣。电商产品主要靠图片呈现，可以选择卖相最好的样品拍照，但如果实际收到的产品和图片差距太大，会产生大量差评和售后纠纷。后面章节会讲到农产品供应源头的管理案例。

其次，产品本身需要深加工或深度营销包装。产品面向电商的深加工，一方面是指挖掘和强化产品特性的加工，如常见的去污、摘叶等供应端的精细化管理加工；另一方面是为了适应网络零售年轻化、快捷化等特点，需要对产品进行易于快递、小包化、零食化的创新加工，使得特产跳出单纯的食材市场，进入零食和预包装食品市场。而产品的深度营销包装，则包含更丰富的内容，首先，从产品的定位开始，除了深挖特产本身的亮点，还要借鉴互联网时代用户体验优先的思路，对产品的食用（使用）全过程进行细致的用户体验测试，把用户从选购到食用（使用）、多次食用（使用）、搭配食用（使用）等所有流程，都清楚地罗列，并思考如何在每个环节做好。其次，是使用符合网购消费市场文化的符号和设计思路，设计产品的识别体系，并围绕这个符号或识别系统，设计整体的营销策略。值得一提的是，在农村电商中，需要将产品特点与它所处的地方文化特色相结合。这一点，在营销策划时需要特别关注，因为大部分的特产，其文化价值也是消费中很重要的附加价值，它让特产更有吸引力。

第三，在完成初期的产品定位、产品深加工和包装后，就进入产品信息数字化的环节。这比在城市做电商更有挑战性，因为从照片拍摄、音视频制作、图片处理、页面排版、到内容文案策划等工作，农村都缺乏配套资源。那么，是否能以有限的资源投入，以适当的技巧和工具，获得可接受的数字化结果呢？答案是肯定的，在拍摄方面，对于特产拍摄，有特定的布光、设备、技巧，与城市电商有所不同的是，既然是针对特产电商，则拍摄资源的配置会倾向于专用而非通用，这可以大幅降低资源投入。其他环节同理，例如排版，可以采用通用模板的方式完成，在如今的电商中，这已经不是什么难事。而数字化管理，随着电商行业逐渐成熟，也产生了经过行业验证有效的表格式的管理方法。我们主张农村电商，尤其是特产电商，在进行上行销售工作时，可以采取最小化启动的模式，早启动、晚效率，因为从笔者团队多年电商行业经验来看，电商工作最难的部分在于启动，而难以启动最大的原因就是各方面条件都不具备，最终归结为“缺人才”这个伪命题。因此，我们提倡大家使用土法上马的思路，用最简单易行的工具，尽快开始，在做的过程中逐渐优化。因为农村电商整体发展较慢，特产类电商竞争并不是特别激烈，消费市场对特产电商也不挑剔，因此，我们认为快速启动，大胆尝试，是特产电商工作的诀窍。

第四，人才需求。事实上最重要的是服务型人才，因此，我们也认为，农村电商最依赖的是服务型人才，也就是具备零售服务意识、产品服务能力的人才。但这样的人才，并不是标准化的人才，也就是说，无论是城市电商还是农村电商，并不能从学校教育得到这样的人才。而且，国内的电商课题，在高校教育中的发展并不快速也不顺利，始终存在断档。对于熟悉产品、具备消费者服务意识和能力的新一代电商服务型人才，是指能在面对产品和消费者的过程中习得技能的人。而服务意识则很大程度上与人才的天然性格特点有关系，笔者个人经验看到，在农村，生活环境比城市单纯，生活节奏也比城市慢，更利于服务意识的建立。因此，笔者个人观点是农村电商、特产电商在最终的服务环节，实际体验是不难胜出的。加上近年来农村电商的产品销售趋向于与农村特色旅游相结合，消费者选购农村电商特产商品时，是在一种愉悦的文化氛围中进行的，只要在售前售后上完成合格的服务，就可以达成较好的购物体验。而在售前售后方面，最容易出现的问题，首先是产品质量问题，特产产品比标准工业化产品更容易出现质量问题与期望值差异；其次是物流问题，特产的特殊性，对物流快递有更高的要求，会导致物流出现问题的概率远大于标准化产品。因此，本书也在后面的管理章节中，会详解如何实现合格的售前售后管理。当农村电商能够实现合格的售前售后管理时，农村电商本身在购物体验方面的优势，也可以弥补上述短板，最终整体购物体验将有可能得到综合高分。

第五，在结合农村旅游的时候，也就是近年特别火爆的“农旅电商”时，还涉及农村电商O2O的概念。农村产品最佳的销售场景就是游客在现场游玩时，在大自然环境中体验到原生态，对农副特产产生较大的购买欲望和消费兴趣。

而农旅电商中 O2O 渠道的打通，将拥有线下消费和线上发货的优势，解决了旅游中特产销售不及时、不好带等问题。同时，由于购买便利性带来的购买率上升，可以使得销售效率提升，进而降低渠道成本，控制合理售价，避免高价宰客现象，进一步提升旅游体验。

1.2.3 下行的主要问题详述

上述几点，是农村电商上行在实际工作中的主要问题。接下来我们说说下行的主要问题。

下行，在大家眼中是一个对外花钱的事情，在电商网购之后，消费金额并不会留在本地，因此，钱出去了，税也没有了，这是很多地方不想处理下行的原因。但我们来反观一下，下行真的对当地没有意义吗？

下行，简单说是农村消费者网购，看起来只是一件花钱“买买买”的事情。但是否真的这么简单，只要点点手指花钱买东西就可以了呢？事实上没那么容易，农村电商下行反映着一个地方的互联网电商基础设施建设水平，而基础设施建设水平，则是影响当地农村电商上行、甚至当地整个互联网产业发展的最核心指标，这个指标上不去，发展电商、互联网，对于县域和农村来说，做的大多会是无用功，最后可能培养出一批政策导向的面子工程，使得当地的电商互联网建设雷声大、雨点小，导致领导忙、群众看。

为什么会这样？从过去 20 年互联网的发展来看，看似没有经济价值的纯生活行为，例如游戏、聊天、看剧等互联网行为，事实上是推动中国整个互联网产业快速发展的核心因素之一，在精神娱乐匮乏的年代，电脑和网络迅速成为了中国人的主流娱乐方式，大部分人都是通过游戏、看美图接触互联网的，第一批互联网行业创业成功的案例，也都脱胎于第一批网民，简单说，没有玩过网络，怎么带你的用户玩网络呢？

电商同样如此，在我们多年接触电商卖家的经验看来，优秀的卖家，尤其是草根创业起步的卖家，必备的素质是深刻理解消费者的心理和行为模式。而取得这种知识，最直接的方法就是“买买买”，也就是自己成为一个网购用户，自己切身体会之后,然后再代入角色,转换到卖家的角度去思考,这也是所谓“电商大牛”和“技术小白”之间最本质的一个差异。很多学习电商的新卖家，往往追求电商运营的各种方法和套路，却忽视背后消费者体验的本质。即使是淘宝平台，也要尽全力维护消费者的购物体验，才得以吸引和留住消费者，从而保持巨大的流量，分流给卖家。作为卖家，在接受这种分流的时候，如果不考虑背后的体验本质，则很容易被规则变化弄得疲于奔命。如今我们要充分理解电商，只需要自己去体验网购，所以说，作为电商卖家要入门和提升，其实已经非常便捷了。网民数量、网购买家数量，一定会决定此地互联网、电商意识的发达程度。笔者个人并不相信自己不网购的人能把电商做好，电商创业者必须亲自去体验消费者的立场。

笔者常常被很多人问“有没有靠谱的运营人员推荐”，这是一个无解的问题。问这个问题的人形形色色，大多不自己网购或扮演用户角色，因此对“运营”二字是抱有神秘看法的，觉得“不明觉厉”，产生了陌生和复杂的恐惧感，无法积极地去深入探察，进而希望自己能够招到像马云“十八罗汉”一样又有能力又忠实的团队。甚至在过去多年间,模仿马云的“股权留员工”的模式，也成为电商行业被大量滥用的招人策略。你不是马云，马云的招数就不一定好用。笔者鼓励想要从事农村电商的创业者们，在起步阶段事必躬亲，至少自己要做一个活跃的网购买家，笔者过去几年自己的生活和工作 95% 的购物都发生在网络上，这才对电商略有理解。不想网购省钱又败家的“买买买”达人不会是农村电商好卖家，因为上面说了，农村里招“十八罗汉”比在城市更难。

1.2.4 农村电商中必要的基础设施

首先，农村电商下行的网购行为，对网络、干线物流、快递终端投递、支付工具等物流与信息基础设施提出了很大的挑战。

如果没有 Wi-Fi，网速未必稳定，影响购物体验。Wi-Fi 在城市电商中，有举足轻重的作用，如今城市生活已经无法想象没有 Wi-Fi 的日子该怎么过了，因为城市生活已经完全被互联网渗透。事实上，作为地方建设电商的主体，必须先有网络基础设施。网速很大程度上影响着电商的日常运营工作效率，笔者自己有 4 年网店运营经历，网速慢、电脑运行慢，不仅会降低工作处理速度，更容易使运营工作变得令人烦躁、失去秩序。如果一个消费者在低网速下购物，同样也是一种痛苦煎熬，对网购的印象会偏向于麻烦和负面，这样的认定，是不可能导向“开网店”的意识的。

其次，下单后包裹走干线物流到达地方物流配送站点后，是否能投递到村里？这个问题，大多数农村都是否定的。笔者的母亲生活在一个小镇的村郊，笔者要网购尽孝心，都必须把包裹寄到镇上姑妈家的五金店，母亲早上买菜路过才能拿包裹，这种情况在全国都是普遍的。如果收到的商品有问题，母亲会通过微信或电话告诉我一声，然后说，寄快递回去太麻烦，就算了，下次不在这家买了。通常情况下倾向于主动放弃退换货权利是因为寄快递不方便，有时几十块钱也懒得跑了，只能凑合用了。如果连寄快递退换货都不方便，更不会产生网购的想法，因为在这样的情景下，“快递作为上行物流方式”背后的潜台词是“肯定很麻烦”，在生活和工作节奏较为缓慢的农村，大部分人会倾向于选择“算了算了”。

而在农村的互联网第三方支付方面，微信是大部分人接触网络支付工具的第一站，但大多用于取现、发红包和转账，很少用于网购，如图 1-2 所示。而网购的第一站，大部分人都是大名鼎鼎的淘宝，而淘宝网购则必须开通支付宝，一旦开通支付宝，对于互联网第三方支付的认知很快就会从发红包变成“虚拟银行”。这一脉一旦打通，接下来整个互联网第三方支付意识就存在了，进而无现金支付中所有线上线下的概念都可以很快深入人心。而这样一种关于钱的概念,关于“快速收款付款,买东西有中间‘老娘舅’更安全”的,有别于“银行转账好麻烦，好贵，还有风险”的概念，将快速支撑起人们对于网购整体概念的理解，特别有助于打消网购安全性、经营及财务成本方面的疑虑，将很快激发普通人参与电商的积极性。

图1-2 微信红包

1.3 农村电商发展进程

1.3.1 发展经历和存在的问题

农村电商在国内电商业界其实早已有之，在淘宝天猫为代表的 C2C 和 B2C 起步阶段，就有大量卖家尝试在线销售国内知名的特产。到 2009 年前后，随着快递时效性的提升和包装技术的完善，以蜂蜜为代表的养生类食品和滋补品在线上销售兴起。逐渐地，全国围绕特产、药食同源食品等特产的产地，形成了一些地方特色的电商聚集地，很多地方形成了事实上的“淘宝村”现象。全国范围巨大的消费市场，拉动一个特产村镇，拉力绰绰有余。在这个阶段，方便运输、适合零食、线上线下存在差价空间三个因素是初期特产电商爆发的重要原因。

浙江临安特产山核桃，在临安馆主推山核桃之前，已经小有名气。山核桃具有抗压能力强、耐保存、方便运输等特点，敏锐的浙江人抓住山核桃这个特产在网上打造成了爆款（如图 1-3 所示），一举推红了临安山核桃和临安馆，也推红了白牛村，白牛村被称为“中国农村电商第一村”“坚果淘宝第一村”。白牛村依托周边农产品丰富的特点，抓住城乡结合发展、电商普及的机遇，主要经营当地坚果类炒货，以及笋干、茶叶等临安土特产。临安当地一批诸如“新农哥”“谷的福”等知名网络品牌异军突起，在市场上取得了耀眼的成绩。白牛村全村 500 余户人家，注册网店超过 50 家，2014 年全村网上销售额就突破了 2 亿元。值得一提的是，这些网店都是农户自己开设的，刚开始就是销售自家农产品，自学摸索如何运营，逐渐形成了行业规模，不仅带动全村农产品的销售，还解决劳动就业 400 余人。

图1-3　临安山核桃

同期，全国很多村镇电商商家的销售额都在这个过程中快速上升，当销售量突破日出百单后，大部分商家都在上一节所述的各个环节暴露出问题来，这些问题在 2008 年全国电商热潮之下，成为大家热议、关注的焦点问题。大部分人都把问题归结为人才缺乏，事实上，草根创业者自身的问题是眼界，不知道哪些地方能做得更好，或者没有见过更好的，却以自己个人的经验为标准。

特产销售型的电商，在初期会有一个现象，就是最早来买的都是“识货行家”，也就是购买重点聚焦在产品自身品质上，对服务等方面的要求相对不高，很大一部分是年龄较大，或者是为年龄更大的父母、亲戚代购的人。而到了后期，特别是网购年轻人群进入 30 岁后，通过网络了解特产的年轻一代消费者，他们对于产品本身品质并不具备判断经验，反而对于产品的营销包装、服务品质、售后关系维护等更为关心。这类消费者的消费倾向，在一个标准化产品丰富的时代里已经被养成，这样的消费者群体逐渐增加的时候，特产电商草根式的发展就遭遇了第一拨的营销水平挑战。在这轮挑战中，特产电商开始分化，分水岭则是营销能力，从单纯的产地供应链优势、到淘宝平台流量优势，竞争已进入比拼营销技巧的阶段，在此阶段，以三只松鼠为代表的品牌脱颖而出。

而缺乏营销，根本的关键，除了营销能力、素材、条件等，更重要的是对网购消费者的理解。除了三只松鼠这样的营销能力强的品牌外，其实大部分的特产电商都转向了塑造亲和力的方向，即针对消费者关系、知识导购、体现“原生态”的信任感等。例如，在头图中使用村里老阿叔作为原生态的证明仍然是特产电商一个十拿九稳的引流技巧，就如同国内俗称“假洋鬼子”品牌使用外国模特拍摄照片就能博取信任感一样。在特产电商中，存在一个比标准化工业产品更适合长尾、多样化营销的空间。对于标准化工业产品，人们希望它是标准的，因此，最终的营销都必须尽可能靠近那个消费者心目中的“完美标准”，距离越近越能够吸引消费者。但在特产电商上则没有这样的情况，人们追求原生态，而原生态与标准化是相悖的，人们认为标准化的农副产品不如原始种植的好。因此，标准化的概念，在农村电商中，并不是“一招鲜，吃遍天”的唯一准绳，这一点，意味着农村电商和特产电商，可以容纳下更多的商家类型和模式，比工业产品更有发展的空间，竞争的周期更长、节奏更缓慢。

1.3.2 阶段性里程碑事件

2011 年，淘宝启动特色中国淘宝馆项目，首批引进了全国数百个县入住开通淘宝馆。如今，这一项目几经调整，到 2015 年，阿里巴巴千县万村项目与淘宝特色中国项目合并，统称村淘项目（网址 cun.taobao.com）。该项目在初期引入一批县级特色店铺后，马上遇到了上述所有问题，而淘宝采取的策略是以强势流量扶植标杆店铺，除了造势，还有试验的作用。在这一场持续三年的大规模拓荒中，暴露出来的问题就如我们上面总结的一样，也是笔者研究村淘过程中看见的主要问题。

农村电商话题随着阿里的强势进入迅速成为一个焦点话题，全国各大电商平台纷纷推出农村方向的试验项目，比如顺丰生鲜速配（如图 1-4 所示）。

图1-4　顺丰生鲜速配

2012 年 5 月顺丰优选成立，依靠顺丰集团的物流与配送优势运营。2012 年成立时冷链配送仅限北京，2017 年生鲜冷链配送达到 54 个城市，常温商品可以全国配送。顺丰优选借力中国快递老大顺丰，针对各类农副产品提出针对性的配送方案，推出过“大闸蟹专用包装”等创新递送方式，但在冷链方面，即使是顺丰，也仍然存在保温时间有限的挑战。

2012 年 7 月本来生活网上线，以褚橙这样的“故事 + 名人”为人们所知，堪称农产品内容营销引流的一个典范，但此模式本质上只是借力内容和名人的强势效应，完成了一拨引流，在面对供应链、消费者、基建等问题时，本来生活网本身并不比淘宝、顺丰有优势。

2012 年，在丽水遂昌以赶街网为代表的遂昌模式一夜走红（如图 1-5 所示），成为争相参观学习的农村电商新模式范例。笔者认为遂昌模式可以说代表了以政府行政干预为主要推动力的农村电商推进方式，模式的优点是接地气，缺点是受制于政府行为，依赖政府采购，容易走成官样文章，而且缺少来自大平台企业的流量、设备、技术支持。遂昌模式成为星星之火，但其在当时的储备能量仍然不足以形成燎原之势。面对尚未完成电商基础设施建设的广袤的中国农村市场，遂昌模式后继乏力，过度的政府关注和行政任务，也导致了企业发展的分心。在此，笔者也提醒农村电商从业者，不要依赖政府采购和政策，短期资金背后往往伴随着沉重的行政任务，作为企业，这是得不偿失的。精耕产品和营销是零售永恒的关键。

图1-5　赶街网

2013年，淘宝、京东等电商平台开始在全国村镇铺开买家端宣传，主要形式以刷墙（如图1-6，图1-7所示）、横幅等为主，是县域区域引流的一轮试水，也是下行基础设施的一个试金石，这一轮很快就偃旗息鼓，证明了基础设施建设任重而道远。配合阿里和京东在此举动背后铺设基础设施建设的步伐，菜鸟物流和京东自营物流，迅速在全国铺设仓库设施和干线运输路线，快速推动了其物流信息化的进程。鉴于当前的农村电商发展阶段，基础设施建设是胜败关键，“得基础设施者得天下”，此话不虚。

图1-6　京东横幅宣传

图1-7　淘宝刷墙宣传

2014 年阿里巴巴千县万村项目启动，阿里巴巴集团正式宣布进入农村电商领域。在三至五年内投资 100 亿元，建立 1000 个县级运营中心和 10 万个村级服务站。这意味着，阿里巴巴要在今后几年以推动农村线下服务实体的形式，将其电子商务的网络覆盖到全国三分之一的县以及六分之一的农村地区。

1.4 农村电商发展中遇到的主要挑战

1.4.1 产品供应链方面的挑战

聚焦农村电商上行来看，农村电商在初期的竞争是政策和基础设施，中期是运营能力和人才，到成熟阶段，竞争焦点是供应链。而且，电商平台在发货速度、包装品质两方面的要求随着消费者需求水涨船高，供应链管理成为核心竞争因素。而对供应链的要求，第一是品质，第二是敏捷度。

品质很容易理解，即从特产采货源头的品质把控，加工生产商的生产质检，到最终的仓储、发货过程中所有消费者接触点的品质。

而敏捷度，则重点是指协调电商销量变动和生产产能冗余量之间的矛盾。这个问题如何理解？电商销售存在比线下销售更为剧烈的波动。在终端网店销售时，无论是直营网店还是分销网店，这些终端往往不存在库存问题，而是统一库存，成交订单和发货是在不同地方、不同团队之间完成的。因此与线下销售存在缓冲库存不同，总仓或者核心仓的库存数量较为集中，供应链主要针对核心仓进行补货，常常不存在多仓调货的灵活性。一旦核心仓库存告急，则意味着压力很快来到了生产端，加上特产电商大部分都是现产现销的中小型品牌，所以库存水平和生产端的协调难度很大。

在初期订单总量不大、销售网络较为单一时，小批量的库存即可以抵御电商销量的波动性。大部分特产电商初期都是自产自销，如果出现销量瞬时暴涨，也都可以通过几天的加班加点抢回库存水平。但这样的衔接其实是非常脆弱的，当销量的波动和峰值超过加班加点的补货能力时，比如参加平台活动，单日订单量超过 3~4 周订单总数，这时，库存水平会瞬间见底。而平台往往对发货速度有要求，如果发货太慢，导致店铺总体发货评分降低，则影响店铺的发展。

基于这个来理解供应链敏捷的要求，则很快会发现一个问题：产能。普通手工加工的产能是有限的，并且，在加班加点时容易产生质量下降的问题。

这是供应链端最大的制约，对很多没有准备的特产电商而言，如果不是工业化标准生产的产品，很快就会遇到这个问题。一般在特产产业带，存在进货市场，可以解决这个问题，比如丽水庆元的竹制品批发市场，当自身产能不够时，可以通过市场拿货，激光打标的方式临时提升库存水平。

如果尚未形成产业带、批发市场，则需要在商家之间寻求供货合作，以互相帮助、互为供货方，形成虚拟市场。这一点，在原来的农村企业中是不存在的，大家各自为战，因为线下商业中，订单和渠道是关键，一旦掌握一个渠道，在允许的供货周期内，商家会想办法一家搞定订单，而供货周期的容忍度也比较宽。但在电商时代，供货周期极短，要求的敏捷度很高，不存在这样乐观的缓冲周期，并且全国市场的打开，并不是一家特产商家的任务，而是一整个村镇、一个县的任务，消费者今天吃 A 也可以，换作吃 B 也可以，终端消费者流量会随着供应侧品质提升而增长。所以，特产类的农村电商上行，天然需要同村镇、同县的同类企业尽可能抱团形成库存水平互为缓冲的合作模式，代替以往单兵作战的模式。

1.4.2 农产品标准化的挑战

在上述互为缓冲的建议中，涉及第二个问题，商品款式问题。在过去，不同的生产方接到来自全国不同市场的订单，供应的产品、供应的方式，都存在不同标准。但在电商市场，由于可以很容易地横向对比，消费者对特定商品的需求会逐渐趋同，集中在几种固定的款式上。在这种情况下，同村镇的同类产品的生产方，会慢慢根据网购市场的需求，形成若干款相同的款式，成为事实标准，在这个前提下，才可能形成完全通畅的库存互补。

但这一点背后存在生产加工标准化的问题。如今农村电商上行，第一个困难环节就在这里。如果特产不能标准化，则不能代表一个地区的特产。如果在消费者端，某地特产在网络上呈现各种风格，从营销、包装、产品形态都不同，就很难形成这个地区特产的凝聚力。对于不了解中国各地特产的年轻群体，产品销量很难依赖过去积累的特产口碑。比如笔者在过去多年电商授课讲台常常会问一个问题“中国哪里的小枣最好”？这个问题的答案是山东乐陵，但学员中只有年龄较大的学员能回答，大部分年轻人会回答“枣庄”。或者很多人根本不知道大枣小枣的区别，直接回答“新疆”。2016 年河南很多商家创新性地将滞销的核桃和枣子放在一起，变成“枣想核”，在网购市场成为了爆款，深受年轻人喜爱。面对特产知识相对匮乏的网购市场，能够快速聚集起一个新的特产认知，就可以快速传播，形成爆款。

其次，大部分特产，特别是农副产品往往属于“三无”产品：无生产许可证（QS）、无生产日期、无生产厂家。非标准类商品消费者很难进行判断，第一，消费者缺乏专业的商品知识背景；第二，电商销售的限制使消费者只能通过图片和文字进行判断，真实性大打折扣。如果没有抱团快速形成标准化的款式，很难走出三无的困境。电商平台对假冒伪劣的处罚力度加大，催生了专门寻找规则漏洞进行敲诈的职业打假人，单打独斗的农副产品卖家很容易成为职业打假人的针对对象。如果职业打假人举报农产品卖家销售的产品缺乏资质，卖家一般没有胜诉的可能，因为缺乏资质，平台也没有办法判卖家胜诉。由于目前农副产品电商销量尚未爆发性增长，这个问题还只是局部的，在特产电商发展越来越快的时候，尽快形成面向网购市场需求的标准化特产，是可以让产区内商家都受惠的好方案。

1.4.3 三段物流的困难

在产品本身尽可能形成标准，形成爆款之后，还需要关注包装方式的优化，除了产品自身的包装，电商还存在快递包装的优化，以及快递包裹中服务类附件的优化。特产对包装有特定的要求，目前在工业类的供应网站上，都可以找到为电商产品定制包装的供应商。附件供应商也已经较为成熟，只要具备了包装优化意识就可以找到供应商来完成设计和生产。

农村电商的特殊性，要求商家在包装优化时，要考虑到较城市电商更有难度的农村电商三段，第一段是省际市际干线物流，第二段是从市到县或村，第三段是从村到末端的消费者手中。

无论农产品上行，还是工业商品下行，农村物流的第一段和最后一段都是目前难以解决的困难。农村居民居住分散，快递单个取件和送件的成本都很高，这就意味着农村居民无法像城市居民一样享受电商送货便捷的服务。居住区较密集的村落，尚可选择建立代收发点的形式折中解决问题，居住区较分散的地区居民取送包裹就相对很困难。就像笔者老家父母收包裹，都是寄给镇上开店的亲戚代为接收，幸运的是笔者家距离镇上只有一公里距离，还算较为方便，但是距离再远就无法解决配送问题。

除了末端配送问题，生鲜农产品干线物流也存在存储的问题。不同的生鲜农产品对存储和运输的条件都不一样，有需要冷冻的、需要冷藏的、需要防挤压的、需要通风的等限制条件，造成生鲜物流不仅成本高昂，还不容易拼单合并配送。目前市场上一些大品牌的生鲜配送都是自己解决物流问题，而小商家只能选择泡沫塑料盒加干冰等简单的包装形式来尽量解决物流问题。目前中国14亿人口只有7万余辆冷藏运输车，平均2万人才能拥有一辆，而日本和美国平均800~1200人就有一辆冷藏车，美国和日本的便利店里都有用于饮料冰镇的冰块销售，而在中国几乎没有见过专门销售冰块的，足以看出美国和日本的平均冷链运输成本比中国要低很多。

路途遥远，周折较多，存储运输条件又主要面向工业品，而不是农副类特产商品，这些问题，都是包装优化需要考虑的。

杭州市的余杭塘栖有一种水果叫枇杷，是极其难以运输的，稍微碰撞，当天就烂。塘栖枇杷商家长途运输采用的包装是类似超市鸡蛋盒子，一个枇杷一个位子，同时为了透气，采用的是纸板盒子，为了防止枇杷和纸板盒子之间碰撞，在枇杷外包裹了另一层纸，如果是通过快递递送，还要加上保鲜保湿用的冰袋。这样才能够将枇杷这种极其难运输的特产通过快递在48小时内送到目的地，实现保鲜保质。因此，在没有枇杷的地方，这样做之后，枇杷就有成为爆款特产的优势。在此之前,有商家尝试使用冻干技术加工枇杷干,这也是思路,但因为枇杷的口碑只存在于产地附近，全国并没有对枇杷的认知，所以这是一个潜力股市场，尚未充分开发。在全国各地，这样的特产案例还有很多，而在网购消费者端，则存在“吃货”觅食无门，无处寻找新口味的需求。特产电商还存在大量机会。

1.4.4 农村电商营销与创新方面的挑战

大家都知道农产品上行困难，但是最困难是哪个方面？淘宝特色中国几乎汇聚了全中国所有地区的特色产品，细分程度甚至到县级市，如图 1-8 所示是淘宝特色中国所涵盖的地区。可以说中国大部分的农产品都已经上网了，而且都可以进行在线交易，以前只有去旅游才可以买到的土特产，现在随时都可以通过淘宝下单，不到一周时间就可以拿到。但是我们细看这些土特产的销量，销量特别好的产品月销量能有几百单，大部分的产品月销量只有寥寥几单，尤其是中西部地区的产品，大部分是没有销量的。

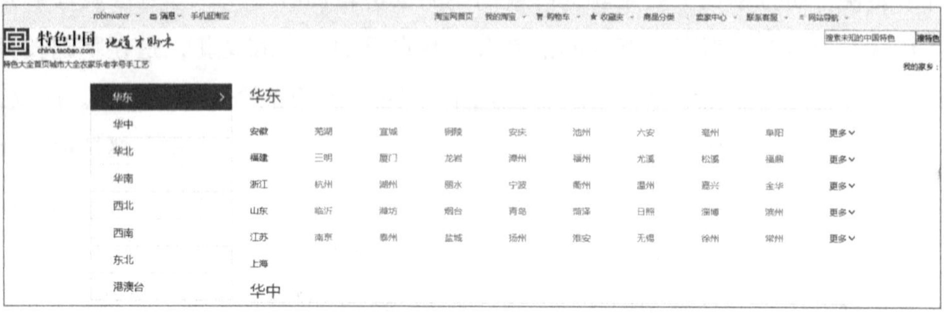

图1-8　淘宝特色中国所涵盖的地区

农产品上行想要有好的销量，需要品牌价值。消费者在做出采购决策时，需要的是一个让他下单的理由，这个理由可能是价格促动、兴趣促动、情感促动等某个足以让消费者在做决策时可以推动一把的动力。电商市场经常打价格战，我们都知道价格战不能持久，只能偶尔冲销量，能让我们长期深耕挖掘的是品牌价值。就像三只松鼠的案例，同样的坚果，无论在价格上还是在销量上都能遥遥领先，凭借的正是品牌价值和品牌所带来的信誉价值。

1.4.5　人才培养与人才下乡的挑战

最后，回到大家普遍感到头痛的人才问题。我们在电商行业观察多年，人才问题无论在农村电商还是在城市电商，都是一个非常难把握的问题。

首先，中国高等教育的电商学科发展得比较艰难，无法有效地输出人才；其次，就算电商专业输出了人才，他们也大多去往城市发展。

那么，对于农村电商来说，怎样才能招到合适的人才，进而组织起团队来呢？首先，小型初创电商我们建议暂不发展团队。初创团队，一般是创业者夫妻、兄弟、家人的组合，先由主导的运营人员把这个团队的效率提高，这个过程要尽可能地使用好的工具，本书后面有一章提供了一套表格管理方法，为大家展示了一种思路。

在物色人才时，除了基本的道德品格素养，尽可能选择本地年轻人，有网购经验，喜欢上网，喜欢网络聊天的人，因为电商本质上是一个读和写的工作，基于屏幕和键盘、鼠标的读写能力是最基本的技能。写主要靠键盘输入，所以打字要快，而打字快主要是聊天练就的。阅读屏幕内容要快，并且准确理解其在互联网语境下的意思。互联网语境有一套自己的语言和文化，是在基础教育打造的普通话文化和本地文化之上的更高一层的、复合的全国通用文化。所以，年轻人参与一些健康的网络社区、网络游戏、看看二次元的内容，都是很好地为电商从业在做准备。因为整个网购过程发生在网络上，而网络文化则是由社区、游戏、二次元等要素组成的，整个互联网的沟通文化中包含了这些基因。如果年轻人不参与这些中的任何一个，他就只有基础教育给他的普通话文化，他的沟通是无法融入到整个互联网文化中去的，也不太可能基于这点衍生出未来的深度营销和互动话术。但在村镇的传统文化中，最主要的是本地文化，其次是普通话文化，互联网文化在村镇的渗透率很低，所以村镇中往往视这些互联网文化为游手好闲的生活，我们需要打破这种偏见。

其次，对于人才的培养，不要寄希望于团队员工可以自己完成某项工作，因为电商是一个复合型学科，集网络信息技术、商业零售、物流、产品等多个领域，目前的教育尚无法应对这种新型的复合型学科。所以，最佳的培育人才的方法是每次只做一件小事，做熟练、做精；基于对这件小事的理解，再引导他以小见大，逐步做第二件事、第三件事，稳扎稳打。我们比较推荐让员工先做客服沟通，这是电商从业者生涯必做功课，如果一个电商从业者停止做客服，那么他距离脱离实际也不远了，无论做到多大团队，我们都要提醒电商从业者要时不时地回去做客服，接触消费者。

客服工作实际上分为售前和售后客服，售前客服是销售，重点对产品的卖点特性、竞品的情况，要有深刻理解，并转化为自己的语言。话术和促销空间，这两点必须在团队和老板之间达成一致，在灵活的空间中，发挥销售客服的作用。售后客服，自己一定要用产品，最好是购买同类竞品，对照着用，不要养成使用习惯，换地方、换场景使用，尽可能把各种使用问题都体验到，并且积累买家提上来的问题，做好问题和解决方法的记录，形成知识库，一个 Excel 表格记录就够了。

客服做熟了，物流发货差不多也熟了，因为客服常常要处理发货、跟进快递的工作，也会常常遇到包裹破损、错发漏发等问题。这时，可以安排客服人员在大促高峰期间专门参与打包，并且提出自己对于发货问题的意见，这些意见往往是来自消费者一线反馈之下提出的，团队需要重视一个成熟客服提出的发货意见和建议。笔者多年经营店铺，看到很多商家不重视一线客服提出的意见，是很可惜的，这是整个电商中非常有价值的信息。很多商家认为一线反馈的意见非常多而且对后端提出了很大的变革挑战，就忽略无视，这个是营销管理的大忌。如果一线提出的意见是基于真实消费者反馈，而且是较为普遍的问题，后端供应链和生产环节，要想尽办法去解决和实现，这就是营销管理的思路。电商是非常纯粹的营销管理，不能做到，就做不好电商。

做客服和物流超过一年之后，这时可以尝试参与产品策划，因为同时对产品有了消费者立场、物流发货立场二种关键立场的人，就可以制定出最适合市场、投递要求的策划方案，不会出现不切实际的为策划而策划的问题。这时，他已经进入运营与策划这个关键岗位，已经成为团队的核心成员。当团队培养出这样状态的人才时，可以送其去参加口碑较好的电商培训，不要在一开始没有基础时送去培训，浪费钱，而且容易造成不脚踏实地的浮躁作风。在具备了这样基本的观念后，送去培训，回来承担团队的核心角色。这时，可以给这样的人设定更高的提成、股份等高投入高回报的收益模式，使之成为创业合伙人。不要在一开始就随意使用合伙人制度，人不对，拿股份吸引来了，后面很难分手。更不要迷信外来的和尚好念经，只有自己培养的团队人才，才能根本上处理好自己的独特情况。特别是农村电商，如果真是高手，在电商人才如此抢手的情况下，是很难在农村电商的环境下“捡到宝”的。所以，笔者认为，电商人才问题，唯有自己培养，自己培养之前，则是我们前文说到的，至少核心初创团队中要有基础电商意识、积极参与过网购的人做主导，自己不网购，很难在农村电商打造一支团队，就算招来了外来的成熟人才，也会很快走人。电商带给企业的最大的价值是营销管理的思维，这个留下来了，剩下的环节都不是困难。基于营销管理的思维，团队不难组建。

能够在电商行业培养出这样的一线营销人才，无论企业，还是政府，都要珍惜，营销人才是整个行业和整个国家都缺的先锋性人才，是未来商业零售的新一代领袖苗子。但商业和零售的人才，必须从面对消费者，甚至自己成为消费者开始。

2

农村电商发展新机遇

2.1 行业机遇

2.2 政策机遇

2.3 技术机遇

2.4 人才机遇

2.5 基础设施机遇

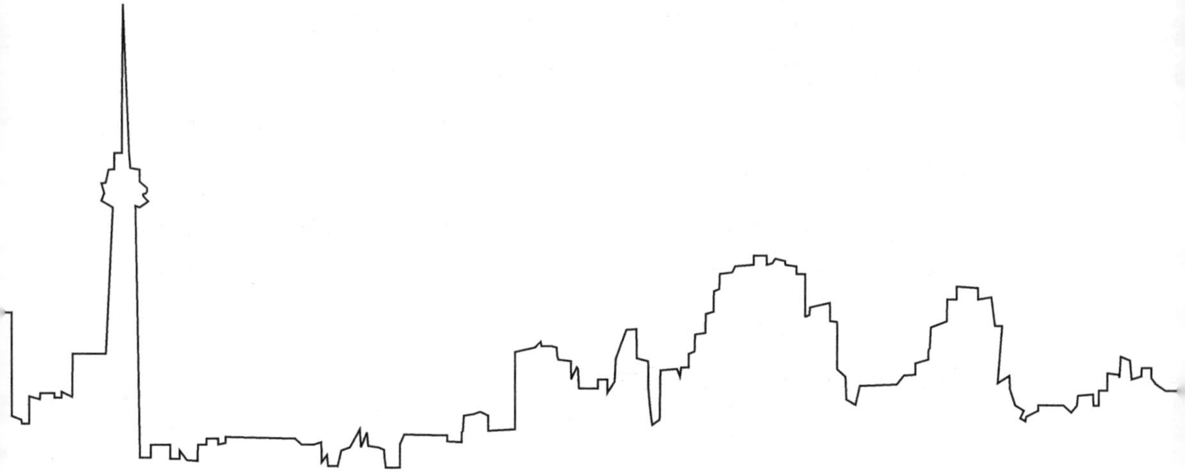

“忽如一夜春风来，千树万树梨花开”，这是揭开农村电商发展序幕以来最真实的写照。

我国电子商务最初从东部沿海城市发展壮大，并不断向全国范围内中小城市扩散，向县域农村渗透，淘宝村、淘宝镇等名词如雨后春笋般层出不穷，传统落后的农村面貌焕然一新，电子商务走进农村，这为农村新经济发展补充了新鲜的血液。

天下之势分久必合、合久必分，这不是无休止的循环往复运动，而是事物发展进步的一般规律。农村电商的发展正印证了这一句话，它经历了分散—聚合—聚合裂变的三个转换升级过程，而如今，农村电商正处于聚合到聚合裂变的过渡升级期，可以把它看作是我们通常所讲的农村电商 3.0 模式，它实现成功过渡的最主要因素就是创新，这依赖于农村电商参与主体的远见和智慧，强调主观能动性的积极作用。

农村电商发展模式的演变。

- 农村电商 1.0：分散是最明显的特征。该模式下农村电商的发展正处于最原始阶段，受市场自发性影响，发展动力来源于各零散主体纯自然状态下的自主探索。
- 农村电商 2.0：各要素开始慢慢聚合。该模式下农村电商发展大系统当中的“人、货、场”紧密联合，人即农村电商的参与主体，政府、企业、电商创业者、网商个体等；货即所有有形和无形的产品，农产品、手工艺品、民俗文化、景点、民宿等；场即“线上平台 + 线下载体”，农村电商公共服务中心、农村服务站、电商产业园以及基础配套设施等。此时更加注重整个农村电商生态圈的打造。
- 农村电商 3.0：要素资源聚合，个体创新裂变。在“互联网 +”大环境背景下，农村电商进一步升级发展，呈现出配套功能不断完善、聚合能力不断增强、生态环境优良化的明显特征，但由于区域、组织和个体创新基因不同也将呈现出裂变式发展的可能性。

电子商务的创新不断刷新农村发展的新面貌，为美丽乡村建设带来了源源不断的动力，在行业发展、政策推动、技术创新、人才培育、基础设施完善等诸多机遇之下，农村电商势必成为未来城乡改革发展的一个重要突破口。

2.1 行业机遇

2.1.1 农村经济不断升级加热

今天，国内农村正经历着巨大的变革。随着消费升级的新时代的到来，山清水秀的乡村，成为众多城里人逃避喧嚣、远离雾霾困扰、重拾味蕾的理想旅游目的地，这也是近几年“生态旅游”“乡村民宿”市场火爆的原因和民意基础。不仅如此，农村已不再像过去那样信息闭塞，越来越多的农民开始涌入互联网时代。伴随着广大农村地区的信息化进程，农村电子商务也随之兴起，并迅速成为农村经济发展的火车头。

未来一段时间内，我国农村县域电商经济的地位和作用将越来越突出，如图 2-1 所示。

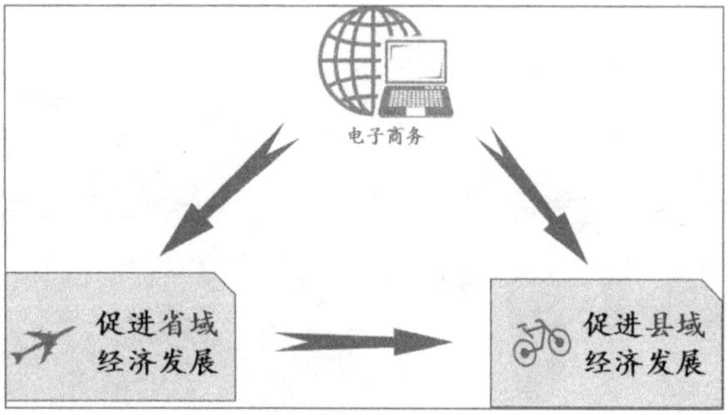

图2-1 县域农村电商时代已到来

《电子商务“十三五”发展规划》中指出，城乡二元结构调整为电商在农村的发展提供了广阔的市场，电商将持续在平衡城乡消费差距、提升农村现代化水平、促进农产品商品化、助推农民增收等方面发挥巨大的作用。

2017 年发布的一号文件——《中共中央、国务院关于深入推进农业供给侧结构性改革加快培育农业农村发展新动能的若干意见》，首次将推动农村电商发展单独列为一条，进一步加强对农村电商的部署工作，其中首次提出地方要规范发展电商产业园，更加重视农产品上行、线上线下融合发展、农村电商物流以及农村电商生态等一系列问题，这为2017年农村电商发展指明了方向。

农村电商作为县域经济发展的一个重要抓手，它不仅拓展了农产品原有的销售流通渠道，也倒逼着农业生产向规模化、标准化、品牌化方向发展。

2.1.2 农村电商市场已悄然成熟

中国有2700多个城市，大部分都属于非一二线城市，居民数量共计8亿人，他们对行业的发展情况不甚了解，只关注自己一亩三分地的东西和一些社会热点。但是，这批人的消费潜力不可小觑，由于消费环境的相对封闭、市场信息的不对称……他们没法接触优质的产品，这仍是电商时代很多农村市场存在的弊病。

当电子商务开始用鼠标和键盘“@”全国城市、农村居民的时候，农村电商消费市场的道路迅速被铺开，越来越多的村民触网，开始用手机快速下单，并享受着拆开快递包裹的喜悦，如图2-2所示。

图2-2 “@”农村市场

据商务部数据统计，2016年上半年农村网购市场规模已超过3100亿元，全年有望达6475亿元，相较于2015年农村地区网购交易额的3530亿元，增长不少。可见，2016年农村电商的发展态势之迅猛。在大势之下，农村电商发展模式多样化、电子商务进农村工作初见成效、服务型网络零售蓬勃发展、区域行业发展特色鲜明以及农产品电商的品类分化明显等发展特点逐渐凸显。

- 农村电商发展模式多样化。“成功模式”已然被当做是县域农村电商发展炙手可热的一种标志，细数当下的那些成功模式，浙江丽水模式——“区域电商服务中心 + 电子商务”；河北清镇模式——“专业市场 + 电子商务”；陕西武功模式——“集散地 + 电子商务”……从不同区域不同角度来讲，可以形成多样的模式。
- 电子商务进农村工作初见成效。从 2016 年上半年工作开展情况看，一季度网络零售额达 1480 多亿元，二季度上升到 1680 多亿元，环比增长 13.48%，高出城市网络零售环比增速 4 个百分点以上；而中西部农村网络零售的季度环比增速达到 24.57%，高出发达地区农村增速 10 个百分点以上，农村电商的区域发展出现了新的动能。
- 服务型网络零售蓬勃发展。农村的服务型消费主要集中于乡村特色旅游，2016 年上半年农村在线旅游实现的网络零售额达 445.35 亿元，在整个农村网络零售业中占比 38.52%，居农村服务型网络零售行业的第一位，并高出全国城市该行业占比 12 个百分点。随着电子商务融合农旅文产业的发展，农村服务型网络零售消费市场将愈发广阔。
- 区域行业发展特色鲜明。从全国农村网络零售行业排名的情况看，主要是以服装鞋帽、家装家饰、3C 数码为主，2016 年上半年这三个行业的合计占比达 44.29%。而不同的区域依托其产业基础条件，也显现出不同的行业发展特征，比如以浙江为代表的农村地区集中于家装家饰、家居用品的销售，中西部农村地区则主要集中于特色农产品、食品再加工、中药材保健品的销售。
- 农产品电商的品类分化明显。全国农产品网络零售的几大产品品类排名依次是水果、茶饮、草药、粮油、坚果、畜禽、水产、蔬菜、花卉植物等，其中水果、茶饮、草药这三大品类网络零售合计占比达 56.11%，而由于水果品类产品标准化体系逐步完善，适用于微商、SNS 团购、O2O 等新型电商商业模式，其网络零售占比高达 22.23%，成为农产品电商中最优的品类选择。

以现有市场容量来看，一二线城市基本上是一个存量市场，城市网购市场日趋饱和，而下线城市成为一个增量市场，农村市场作为下一个万亿元级市场，网购规模与日俱增，且经过近两年的发展，市场逐渐成熟。未来，农村电商的发展肯定是一片蓝海。

2.2 政策机遇

过去的几年，由于软硬基础设施跟不上，农村电商发展的动力主要还是依赖市场的自发性，而各地方也正基于这几年的积极实践，让政府参与调研有了足够的范例，积累了丰富的经验，出台政策和文件的时机愈发成熟，未来几年，相关政策文件将会持续性出台，并且对于促进农村电商市场壮大将更具实质性影响。

2017 年，农村电商继续站在政策红利的“风口”，将迎来历史发展的最新机遇。

2.2.1 “互联网+”深入链接三农

随着党中央、国务院发布的“互联网 +”行动计划、农村电子商务发展指导意见、农业现代化建设等总体部署的实施，互联网越来越成为发展现代化农业、培育新型农民和建设社会主义新农村的时代背景，也正充当解决“三农”问题的有力工具。而今后相当长的一段时期，“三农”问题将继续是我国发展面临的一个重要问题，为顺应这个趋势，履行好“三农”工作职责，推进互联网技术和互联网思维在农业发展、农村建设工作中的全面应用，不断发挥“互联网 +”在“三农”工作中的加速效应。

2016 年，作为“十三五”的开局之年，国家已经对未来五年农业的发展有了一个大体的规划，农业领域也迎来了一个新的发展期。其中，一个重要的点就是实行“土地三权分置”，如图 2-3 所示。它将原有的承包经营权一分为二，承包权还是归农民，经营权可以流转给非农户，它在本质上是给予了农民更多的经营资源。

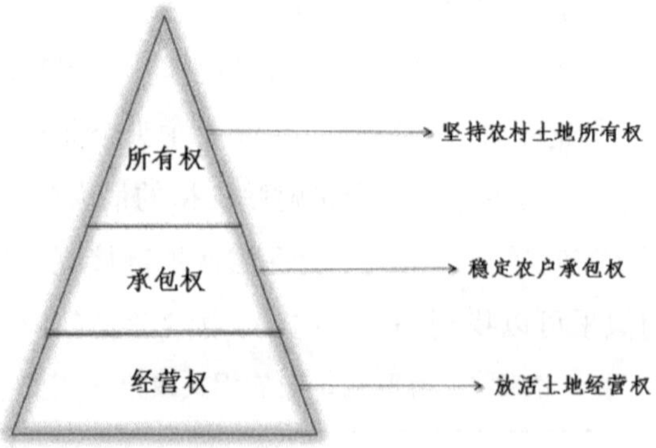

图2-3 土地三权分置

三权分置，对于土地资源政策的再调整，符合现阶段社会经济发展的一般规律。它进一步明晰了土地产权关系，更好地维护农民集体、承包农户以及经营主体之间的利益关系；同时促进了土地资源的合理利用，有利于构建新型农业经营体系，发展多种形式适度规模经营，提高土地的产出率，有利于推动“互联网＋现代农业”的发展。

2017 年，国家对农业的政策导向是怎样的呢？

- 鼓励规模农业发展，推动农业现代化

为了推进农业现代化建设进程，农业改革的力度将会继续加大，国家将鼓励规模农业发展，尤其是取得粮食增产的规模化经营组织将成为重点支持对象。

- 提高信息化与机械化应用水平

一方面，国家将大力推进信息化与农业深度融合，加快实施“互联网＋现代农业”的行动计划，强调加强物联网、智能装备在农业领域的推广及应用；另一方面，国家也将重视提高我国农业在生产过程中的机械化水平。

- 农业结构调整顺应生态化发展道路

国家政策导向将通过农业结构调整，促进国际国内两个市场联动发展，这也对应了农业供给侧改革的大方向。注重缓解耕地、水等自然资源的压力，使得经济与生态环境一体化发展；同时也注重由农业数量转向数量质量协同发展，更加注重效益。

- 财政补贴重点倾向农业合作社、专业大户和农业龙头企业等农业经济组织

未来，带动能力更强的农业经济组织通过规模化发展带动农民致富成为主旋律。农业合作社、专业种植大户以及一些农业龙头企业作为农产品供给的主体，也是推进农业现代化的主体，将会是财政支持的最大受益者。

那么，“互联网 +”怎样与“三农”更深层次地链接呢？看近两年来国家出台的相关政策，我们似乎可以找到一些方向。可以参考表 2-1 所提供的相关战略。

表 2-1　互联网 + 三农相关政策

<table>
<tr><th>国家重点战略</th><th>战略发展要求</th><th>来源</th></tr>
<tr><td rowspan="4">互联网 +</td><td>用互联网提升农业生产、经营、管理和服务水平，培育一批网络化、智能化、精细化的现代“种养加”生态农业新模式，形成示范带动效应。
加快完善新型农业生产经营体系；培育多样化农业互联网管理服务模式；逐步建立农副产品、农资质量安全追溯体系。</td><td>《国务院关于积极推进“互联网 +”行动的指导意见》国发〔2015〕40 号</td></tr>
<tr><td colspan="2">积极发展农村电子商务。
开展电子商务进农村综合示范；支持新型农业经营主体和农产品、农资批发市场对接电商平台，积极发展以销定产模式；完善农村电子商务配送及综合服务网络；着力解决农副产品标准化、物流标准化、冷链仓储建设等关键问题；发展农产品个性化定制服务；开展生鲜农产品和农业生产资料电子商务试点；促进农业大宗商品电子商务发展。</td></tr>
<tr><td colspan="2">鼓励和引导返乡下乡人员按照全产业链、全价值链的现代产业组织方式开展创业创新，建立合理稳定的利益联结机制，推进农村一、二、三产业融合发展，让农民分享二、三产业增值收益。
以农牧（农林、农渔）结合、循环发展为导向，发展优质高效绿色农业；实行产加销一体化运作，延长农业产业链条；推进农业与旅游、教育、文化、健康养老等产业深度融合，提升农业价值链；引导返乡下乡人员创业创新向特色小城镇和产业园区等集中，培育产业集群和产业融合先导区。</td></tr>
<tr><td>实施“互联网 +”现代农业行动。大力发展农产品电子商务，提高农村物流水平；提升休闲农业和乡村旅游发展质量，改善公共服务设施条件；推动科技、人文等元素融入农业，积极探索农产品个性化定制服务、会展农业、农业众筹等新型业态；挖掘农村传统工匠技艺，发展一乡一业、一村一品，培育乡村手工艺品和农村土特产品品牌。</td><td>《关于完善支持政策促进农民持续增收的若干意见》国办发〔2016〕87 号</td></tr>
</table>

为了推动“互联网 +”深入链接“三农”问题，让“三农”搭乘信息化发展的快车，不仅要加强农村信息化建设、人才培育体系建设以及物流等供应链体系建设，还要充分整合政府、企业以及社会各界的资源，构建起一个本地化的“互联网 + 三农”生态圈，满足农民对于生产生活的需要。

2.2.2　农村电商赋予脱贫新动力

国务院扶贫办于 2014 年将“电商扶贫”正式纳入到扶贫的政策体系，并

在 2015 年将其作为"精准扶贫十大工程"之一开始正式实施。

那什么是电商扶贫呢?

笔者从字面上解剖，所谓的电商扶贫，即"电商 + 扶 + 贫"，"电商"可以看作是一种渠道或手段，"扶"是一个动态作用力，"贫"则是作用的对象，从整体来讲就是将今天互联网时代日益主流化的电子商务纳入到扶贫开发工作系统当中，作用于扶贫的对象——贫困人群。电商扶贫最主要的手段就是发展贫困地区的电子商务，本质属性就是让贫困地区的产品和服务对接电商大市场，根本目标就是提高贫困家庭的收入和生活水平。

以下是近两年"电商扶贫"相关政策集锦，如表 2-2 所示。

表 2-2 电商扶贫相关政策

国家重点战略	战略发展要求	来源
电商扶贫	强化精准扶贫、精准脱贫。 持续加大扶贫综合投入力度，通过产业扶持、转移就业、易地搬迁、教育支持、健康扶贫、社保兜底等措施，因地制宜，分类指导，精准施策，确保如期实现脱贫攻坚目标； 将民生项目、惠民政策最大限度地向贫困地区倾斜，广泛动员社会各方面力量积极参与扶贫开发； 实施贫困村一村一品产业推进行动； 加大以工代赈投入力度，支持农村中小型公益性基础设施建设，增加贫困人口劳务报酬收入； 强化贫困地区农民合作社、龙头企业与建档立卡贫困户的利益联结机制； 深入实施乡村旅游、林业特色产业、光伏、小水电、电商扶贫工程； 加大对贫困地区农产品品牌推介营销支持力度。	《关于完善支持政策促进农民持续增收的若干意见》〔2016〕87 号
	培育电子商务市场主体。 发挥大型电商企业孵化带动作用，支持有意愿的贫困户和带动贫困户的农民专业合作社开办网上商店，鼓励引导电商和电商平台企业开辟特色农产品网上销售平台，与合作社、种养大户建立直采直供关系； 加快物流配送体系建设，鼓励邮政、供销合作等系统在贫困乡村建立和改造服务网点，引导电商平台企业拓展农村业务，加强农产品网上销售平台建设； 实施电商扶贫工程，逐步形成农产品进城、工业品下乡的双向流通服务网络； 对贫困户通过电商平台创业就业的，鼓励地方政府和电商企业免费提供网店设计、推介服务和经营管理培训，给予网络资费补助和小额信贷支持。 改善农村电子商务发展环境。 加强交通、商贸流通、供销合作、邮政等部门及大型电商、快递企业信息网络共享衔接，鼓励多站合一、服务同网； 加快推进适应电子商务的农产品质量标准体系和可追溯体系建设以及分等分级、包装运输标准制定和应用。 注：主要摘录电商扶贫相关文件，具体可查看政策原文件。	《关于印发"十三五"脱贫攻坚规划的通知》国发〔2016〕64 号

从当前各地扶贫开发的方式来看，主要包含对贫困地区的基础设施改善、

产业开发、公共服务、技能培训以及保障性救济等措施，我们可以看出，大部分的方式都不需要借助市场的力量，在很大程度上依赖一只有形的手——政府。而在“互联网 +”、电子商务蓬勃发展的当今，电商扶贫俨然成为一种新型手段，完全以市场和效果为导向，为偏僻的贫困地区打开了市场大门，为贫困村民提供了广阔的发展空间。也正因为电商扶贫具有以上的独特特质，所以它更符合扶贫的根本出发点，更有利于国家精准扶贫战略的真正落实。

2.2.3 社会焦点绕不开创业创新

2016 年 10 月 13 日，马云在云栖大会上提出，未来 30 年世界的变化超乎想象，“电子商务”很快会被淘汰，新零售、新制造、新金融、新技术和新能源这五个新发展将会深刻影响到世界，除此之外，他还提到“一平”，即政府要提供一个公平创业的环境。这段话充分地为未来中国创业创新的发展指明了新方向，并提出了新要求，“互联网 +”作为引导时代发展的大趋势和新动力，将持续发力，助力“五新”发展，而电子商务作为一个新兴产业，随着社会发展脚步的加快，电子商务本身只有不断创新和升级，才会发挥更大的效用，为社会产生更多的效益。未来，不管是城市还是农村，创业创新始终会成为人们关注的一个焦点问题。

政府作为国家创业创新的主要倡导者，需要为企业、创业者、创客等社会实践主体提供一个良好的环境，综合近两年发布的“创业创新”相关政策可参考表 2-3 所示，从城市到乡村，我国创业创新逐渐出现一股热潮，提供发展的环境条件也愈发成熟。

从互联网时代的发展历程来看，我国主要经历了三次大规模的创业创新浪潮，而目前，依托于新技术的崛起，创业创新正向更高层次迈进，逐步步入智慧化阶段。

- 第一次浪潮：商业化。“互联网”这一新鲜事物诞生初期，国内只有少数人看到互联网蕴含的重大机遇，大家将关注点集中于——如何让互联网技术转变成为能够实现商业回报的产业。

表 2-3

国家重点战略	战略发展要求	来源
创业创新	按照“四个全面”战略布局，坚持改革推动，加快实施创新驱动发展战略。 充分发挥市场在资源配置中的决定性作用和更好发挥政府作用，加大简政放权力度，放宽政策、放开市场、放活主体，形成有利于创业创新的良好氛围，让千千万万创业者活跃起来，汇聚成经济社会发展的巨大动能； 不断完善体制机制、健全普惠性政策措施，加强统筹协调，构建有利于大众创业、万众创新蓬勃发展的政策环境、制度环境和公共服务体系，以创业带动就业、创新促进发展按照“四个全面”战略布局，坚持改革推动，加快实施创新驱动发展战略。	《关于大力推进大众创业万众创新若干政策措施的意见》国发〔2015〕32 号
	坚持供给创新。创新是战略性新兴产业发展的核心。 要深入实施创新驱动发展战略，大力推进大众创业、万众创新，突出企业主体地位，全面提升技术、人才、资金的供给水平，营造创新要素互动融合的生态环境； 聚焦突破核心关键技术，进一步提高自主创新能力，全面提升产品和服务的附加价值和国际竞争力； 推进简政放权、放管结合、优化服务改革，破除旧管理方式对新兴产业发展的束缚，降低企业成本，激发企业活力，加快新兴企业成长壮大。	《关于印发“十三五”国家战略性新兴产业发展规划的通知》国发〔2016〕67 号
	支持农民创新创业。大力发展农产品加工、休闲农业和乡村旅游、农村服务业等劳动密集型产业项目，推进农村产业融合发展； 实施农民工等人员返乡创业培训五年行动计划，支持返乡创业园、返乡创业孵化园（基地）、信息服务平台、实训基地和乡村旅游创客示范基地建设； 深入推行科技特派员制度。实施“互联网 +”现代农业行动，大力发展农产品电子商务，提高农村物流水平； 提升休闲农业和乡村旅游发展质量，改善公共服务设施条件； 推动科技、人文等元素融入农业，积极探索农产品个性化定制服务、会展农业、农业众筹等新型业态； 挖掘农村传统工匠技艺，发展一乡一业、一村一品，培育乡村手工艺品和农村土特产品品牌。	《关于完善支持政策促进农民持续增收的若干意见》〔2016〕87 号

- 第二次浪潮：生态化。互联网平台的大范围应用是此次创业创新浪潮的主要标志，平台逐渐成了新的商业基础设施，既能提升企业之间的竞争力，同时也能够更好地激励创新、深化分工，促进整个商业社会的产品、服务呈现生态化的发展趋势。
- 第三次浪潮：“互联网 +”。“互联网 +”的兴起依赖于信息技术取得持续性的突破，2015 年，“互联网 +”被正式列入国家战略政策，以此为标志

性事件，互联网迎来创新创业发展的第三次浪潮。其特征具体体现在从消费端向生产、服务端的“逆向互联网化”传导，各行各业与互联网进行深度融合。

而面向未来的“智慧化”创新创业大潮，随着智慧化商业和技术将再升级，人工智能、虚拟现实、智能制造等智慧化技术风起云涌，其带来的技术、商业、社会的变革和影响不言而喻，也将在2025年迎来其发展的高峰。

2.3 技术机遇

互联网时代，技术已成为软实力与硬实力发展的初步衡量标准。一项技术是否流行，其背后的因素是多元的，与硬件技术、编程思想转化、获得参与技术发展的大公司的支持以及原始技术存在的缺陷等方面有着密切的关系。以互联网、电子商务为重点的热门行业助推技术领域的快速更迭，如今，真正可以落地场景、与产业链上下游相互协同的技术，开始逐渐流行。

2.3.1 新技术迭代更新的速率加快

蒸汽机的发明带来了人类社会的第一次技术革命，电力、钢铁、化工、汽车等重工业的兴起引发了第二次技术革命，随着全球信息和资源的整合，信息技术时代随之到来，而第四次技术革命则是以产业互联网化、人工智能化等为代表，诞生了人工智能、无人控制技术、量子信息技术、虚拟现实等为主的全新技术，如图2-4所示。实际上，古代的飞鸽传书、驿站、烽火台都是互联网的最初雏形，而现代技术就是让这张网用起来越来越方便。基于时代的快速变迁，新技术的迭代速率也不断加快，技术周期不断缩短、技术要求越来越高成为最明显的特征。

不少新技术的产生往往就是为了解决之前特定技术存在的缺憾问题，比如说虚拟化技术是为了解决硬件使用效率低下，更新了容器技术，在现有虚拟化技术基础上，提供更加细粒度的资源共享，使得硬件的使用效率可以得到进一步提高。

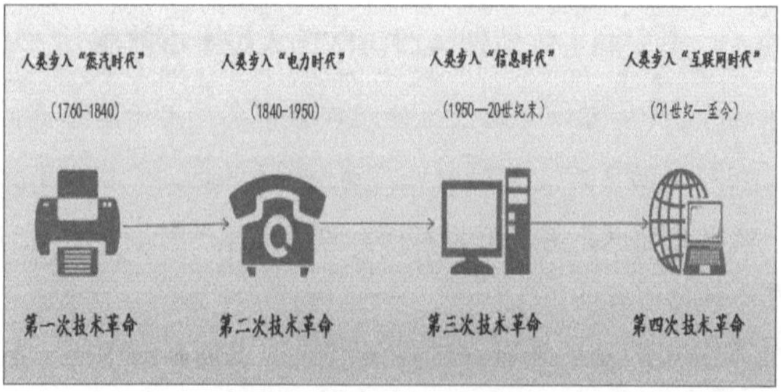

图2-4　人类历史四次技术革命

2015年是“互联网+”发展元年，大多数企业处于互联网化转型的初期，对于大部分传统企业而言，这一年，也绝对具有标志性的意义。在人人都在高歌“创新、颠覆与重塑”的新型商业环境下，以人工智能、虚拟现实、大数据、云计算、自动驾驶、基因技术等为代表的新兴科技力量快速向各个角落渗透，具有互联网基因的电子商务行业显然更具有独特优势。

尤其是在移动互联网（后智能手机）时代，人工智能、大数据、虚拟现实等新技术集群发展，将成为全球经济的新驱动力。

实际上，人工智能和虚拟现实已拥有50年以上的发展历史，过往，它们之所以尚未能在市场上得到大规模应用，主要受网络宽带、设备运算能力等诸多因素限制。如今，随着国内自身发展条件的成熟，人工智能和虚拟现实的价值不断得到释放。

【案例】智能私人助理Siri

Siri对人类生活产生的影响不需要过多的说明，从最初的聊天解闷，到后来能有效地帮助主人搜索并解决问题，Siri俨然成了人类最合格的“私人助理”。Siri使用的技术是基于人工智能和云计算的结合，通过与用户交互获取用户需求，将自然语言转化成为“真实含义”，交由知识库分析、检索所需结果，最终再转换成为自然语言反馈给用户。Siri在短短数秒之内，就能够实现将用户需求转化为多种不同的表述方式，并能完成在海量数据中的搜索任务。在不远的未来，以Siri为代表的人工智能语音识别技术亦将有着更大的发展。

【案例】虚拟现实改善医护人员手术效率

在医疗市场中，VR可以帮助医生处理部分事务，用于治疗类似恐高症等部分心理疾病，实现辅助医疗。美国硬件厂商——Atheer，它推出了面向医护用户的AR眼镜，使用者可以不需要使用双手，仅需通过手势、语音进行操作，就可以达到辅助手术治疗的目的。

从全球技术公司的发展来看，硅谷是世界技术创新的中心，但近几年，在电商互联网行业快速创新和迭代的大背景环境下，中国企业开始不断崛起。放眼未来，新技术发展将会加快企业崛起的速度，中国科技公司将会充分利用国内庞大的网民红利与资源，通过技术应用模式创新，不断拓宽业务领域。

2.3.2 强化技术支撑美丽乡村建设

俗称的“三农”问题——农业、农村、农民，既是一个非常沉重的历史话题，又是一个令人热血沸腾的时代话题。过去三十多年来，每年发布的中央一号文件，近三分之二的主题，都与“三农”相关，虽然有政府的高度重视，政策的大力倾斜，但是它既受历史背景、自然环境等客观条件制约，又有体制僵化、管理粗放等人为弊端影响，我们依旧很难从根本上解决“三农”存在的问题。

但在“互联网+”时代的发展大潮中，尤其是步入移动互联网时代以来，互联网以信息容量全面、更新及时、查询便捷等优势，已然成为广大农村地区最方便、快捷的信息获取渠道。无论是从技术储备层面、平台组织层面，还是消费升级层面、市场需求层面，我们都处在历史最佳变革的窗口期，这也是彻底解决“三农”问题，推进农业供给侧结构性改革的最好契机。美丽乡村建设要乘着“互联网+”的东风，充分利用好科学技术服务，让广大的群众唱主角，为农民搭好戏台子，搭建一条获得政治、经济、精神文化的新通道。

自上世纪二十年代初，由晏阳初、梁漱溟、卢作孚等发起的“乡村建设运动”，至今已有近一百年的中国农村现代化改造历史。“美丽乡村建设”也已经升级到4.0时代。在此背景下，美丽乡村建设更注重融合当地的自然环境和人文风貌，结合现代化科技元素，以创新的理念、现代的手法把“美丽乡村”做出不一样的韵味和特色来，不但要求形式和内容创新，也追求在服务方式和商业模式上的创新，以此从激烈的市场竞争中脱颖而出，满足市场消费升级的需要。就如浙江莫干山的艺术民宿一样，必须是高标准设计，高标准建设，高水平运营，才有可能打动和吸引外来消费者，如图 2-5 所示。

图2-5　浙江省莫干山民宿

每个乡村和企业，必须结合自己的旅游资源优势和地方特色，充分借助“互联网 +”的能量势能和技术优势，以全新的思维模式和创新手段，超前开发出新潮的乡村旅游产品和特色服务，将“美丽乡村建设”做到极致。

“美丽乡村”建设涉及的三农问题，不仅仅包含农村样貌的改造，还体现在农业如何实现现代化、产业化和生态化。2017 年中央一号文件中提到“强化科技创新驱动，引领现代农业加快发展”这一观点。在该文件中，分别对于促进农业发展的科技研发与推广、科技创新激励机制、科技园区建设以及农村人力资源等多维度提出了具体要求。它将更为注重组织联盟的影响作用，这侧重体现在农业科技研发与推广两个阶段。

- 农业科技研发阶段：建立一批现代农业产业科技创新中心和农业科技创新联盟，推进资源开放共享与服务平台基地建设。
- 农业科技推广阶段：建立农科“教产学研”一体化农业技术推广联盟，支持农技推广人员与家庭农场、农民合作社、龙头企业开展技术合作。

总体来讲，我国未来将着重通过“三区、三园和一体”（粮食生产的功能区、重要农产品的保护区与特色农产品的优势区；现代农业产业园、科技园与创业园；田园综合体）的建设，优化农村的产业结构，推动三产之间的融合发展，把农村各种资金、科技、人才等要素整合在一起，共同致力于现代化农业的建设。

2.4 人才机遇

人才是发展农村电商的关键。然而，农村电商发展的现实问题却是人口外流严重，留在农村且有想法的年轻人太少，人才问题是未来农村电商发展存在的最大掣肘。不过，这一问题已经被广大地方政府所重视，各级政府采取了一系列措施，使地方电商人才队伍快速地壮大起来。其措施主要包括教育培训和人口回流。

2.4.1 电子商务教育培训如火如荼

面对农村电商发展的现实问题，地方政府主要侧重于采取教育培训的方式弥补漏洞，即电子商务人才体系建设。

- 重视电子商务专业人才培养。地方政府培养电子商务专业人才的重点就在于鼓励校企合作，创新人才培养模式，积极发展企业新型学徒制、现代学徒制、订单式等培养模式。落实在政策上，就有实施“农村电子商务百万英才计划”，对农民、合作社和政府人员等进行技能培训，增强农民使用智能手机的能力，积极利用移动互联网拓宽电子商务渠道，提升为农民提供信息服务的能力。
- 重点发展电子商务研究与培训基地。2017 年一号文件中，涉及农村电商部分最大的亮点就在于将电商产业园建设写入文件。从文件中可以看出，对地方建设电商产业园，中央总体上是“鼓励”，但要“规范发展”，一号文件明确提出电商产业园要“聚集品牌推广、物流集散、人才培养、技术支持、质量安全等功能服务”，这实际上为各地建设电商产业园的目标和出发点做了明确定位。这与国家新型城镇化战略一致，通过在县域范围建设电商产业园，可以推动产业发展，实现人的城镇化。

近年来，多地农村电商主管部门根据自己的条件，建立起了专业的电子商务人才培训基地，并通过外聘、外包培训项目等方式建设师资队伍。立足基地多层次、多渠道地向各行业人员提供电子商务管理和应用服务，打造创新意识高、执行能力强、既懂理论又懂业务、会经营网店的农村电子商务人才队伍。

- 培养拥有专业技能的干部队伍。电子商务示范城市、国家级电子商务示范基地、电子商务进农村综合示范县等为依托，省、市、县、乡各级政府部门都开展了电子商务理论、实践学习与培训等各类活动，培养了一批把握趋势、懂业务、重实践的干部。
- 强调新型职业农民培训。健全新型职业农民教育培训、认定管理、政策扶持"三位一体"培训制度。完善职业农民教育培训体系，加强包含农村电子商务课程的涉农专业全日制学历教育，健全农业广播电视学校体系。依托农村电商企业、研究机构、农村电商推广单位、农民合作组织开展宣传和培训农村电商发展急需的关键技术。这些举措可以归结为"用教育为农民进行'互联网+'赋能，促使本地农民获得利用电子商务技术向产业链下游拓展的能力"。

2.4.2 农村电商发展带动人才回流

随着大众创业、万众创新的深入推进，越来越多的农民工、中高等院校毕业生、退役士兵和科技人员等返乡人员到农村创业创新，为推进农业供给侧结构性改革、活跃农村经济发挥了重要作用。农村电商"赶街模式"的创始人潘东明，就是返乡创业的杰出代表。

更为直接的是，返乡创业带动了人才回流。随着相关优惠政策的普及和发力，返乡创业创新氛围日益浓厚，人才回流效果明显。据统计，近年来农民工返乡创业累计达到了450万人，近五年返乡创业人数增幅均保持在两位数左右，还有约130万居住在城镇的科技人员、中高等院校毕业生等下乡创业创新。截至2016年9月底，注册地在县和县以下区域的农村网商达800多万家，带动就业超过2000万人。

返乡创业者包含大量大学毕业生、曾在大城市工作的专业人才等，这部分群体技术能力强、所见世面广、创新创业意识强，为地方县域发展带来了充足的活力。返乡人员创业创新，有利于将现代科技、生产方式和经营理念引入农业，在地方上探索、发展农村电商。带来的好处有：一是提高农业质量效益和竞争力；二是有利于发展新产业新业态新模式，推动农村一、二、三产业融合发展；三是激活各类城乡生产资源要素，促进农民就业增收。

【案例】赶街创始人 潘东明

潘东明是浙江遂昌人，原本在上海一家企业咨询公司就职。在上海，潘东明敏锐地捕捉到了电子商务和农村市场结合的巨大潜力，他毅然辞去了收入颇丰的工作，回到故乡，号召乡亲在网上创业，并免费教大家开网店。在他的带动下，一个人口只有 5 万人的小县城，已开办 1500 多家网店，有 6000 多人从事网店经营工作，2014 年实现销售总额 5.3 亿元；他所引领的“遂昌模式”，被认为是中国首个以服务平台为驱动的农产品电子商务模式，成为中国城镇化进程与发展的新模式。

“我们希望打造地方性产业生态链，上有供应商，下有网店，中间是服务合作商，网店协会可以打造一个综合服务平台。”潘东明的团队以过往的经验给网商企业提供免费的开店培训，包括不赚取任何中间价的统一采购、统一仓储、统一配送、统一物流、统一包装等零成本开店的运营服务，帮助遂昌网商避免库存压力和风险。

在他的带动下，遂昌农村电子商务发展一片红火。目前，遂昌登记在册的网店数量已经超过 1500 家，创造的工作岗位超过 6000 多个。最土的生产方式和最潮的营销手段碰撞出了亮眼的火花。

2.5 基础设施机遇

农村电商的发展，离不开“基础设施、产品、电商人”这三把斧，基础设施是地域农村电子商务发展的基础性条件，其完善程度将直接影响区域农村电商的发展水平和发展层次。而我们所讲的基础设施，主要由传统基础设施和互联网基础设施两部分构成，即诸如农村公路、电商园区、物流仓配区、线下体验店以及其他硬件工程商业配套构成的传统基础设施，宽带、网络信息、电商平台 / 服务中心、数据中心等互联网基础设施。

农村基础设施的不断改善，是带动农村电商消费增长、升级的一个重要基础和前提条件。随着移动互联网时代的迅猛发展，移动手机的购买门槛和成本大大地降低，越来越多的人成为信息的接收者和传播者；随着电子商务的流行，广大农村消费者对接广阔市场的方式更为便捷。基于互联网信息基础设施的更迭，为农村发展创造了无限可能。

2.5.1 传统基础设施面貌焕然一新

农村公共基础设施不完善，已成为农民消费升级的最大掣肘之一。若有若无的手机信号，时断时续的电视画面，滴水成冰的露天厕所，还有问题不断的饮水、道路、宽带……这些不能言说的“痛点”，既让过年奔袭千里的游子们有些尴尬,也让更多生于斯长于斯的农民选择逃离家乡。“筷子宽”的农村道路，只是我国长期以来农村基础设施现状的一个缩影。

而新农村建设不断取得突破性发展，特别是进入“十三五”时期以后，在农村电子商务火热发展的大势之下，完善基础设施建设势在必行。我国对于农村电商发展环境改造的要求越来越高，对基础设施建设的需求越来越强烈。农村电商发展首先体现在硬环境的优化上，包含提高农村宽带普及率，加强农村公路建设，提高农村物流配送能力等方面。

国家在顶层设计上，专门制定《“十三五”交通扶贫规划》，交通运输部建立了农村公路和交通扶贫统计监测制度，并据统计数据显示，2016 年前十个月，全国农村公路累计完成新改建规模 23.6 万公里，其中，交通扶贫规划的 1177 个县，完成 15.9 万公里的农村公路新改建目标，预计全年大部分指标在不同程度上将超额实现，农村交通这个薄弱环节得到快速改善。

基于大商业环境的变迁，交通条件的逐渐改善以及农村消费需求的升级等多元因素，电商物流农村化、本地化的演进进程不断加快，快递物流行业从骨干线路的覆盖，进一步走向支线、毛细血管的覆盖。物流快递毛细体系的建立是 2016 年发展的一个最大亮点，以三通一达为代表的快递公司、德邦为代表的物流公司，正在把毛细体系铺设到农村，让农村村民享有更为普惠的商业服务。

据《2017—2022年中国快递业行业竞争现状及“十三五”发展趋势前瞻报告》（以下简称《报告》）相关数据统计显示，在“十二五”期间，全国完成了8840个空白乡镇邮政局所补建，实现“乡乡设所”。2015年年底，全国累计建设村通邮站21.8万个，全国建制村直接通邮比率达到94.2%，基本上可以实现“村村通邮”。截至2016年11月份，我国农村快递网点发展近9.5万个，乡镇网点覆盖率已达到70%以上，邮政快递网点密度明显得到提高，农村物流体系建设取得了新的成效。《报告》中内容还说明了一个问题：我国各地农村物流体系建设与物流发展模式的成功探索，离不开政府、企业的双向合作，只有两者共同发力，农村物流基础设施建设才能得到快速发展。县域交通运输、供销、商贸、邮政等部门通过合作，加快整合农村物流资源，引入或扶持物流、快递企业，积极推进县乡村三级农村物流服务体系建设。山东、吉林、贵州等地积极推进交通运输和邮政业务合作，探索并推出了“综合运输服务站”“交邮共建”“货运班线”等各具特色的物流发展模式，极大程度上促进了本地农村电商的快速发展。

电商产业园作为未来县域本地化发展的一个重要商业基础设施，截至2016年3月，全国电子商务园区数量达1122家，县域电商园区已超过300家。部分电商产业园通过改造传统的过剩房地产，改善配套基础设施，使其变身为电商产业园，如著名的广东岭南电商产业园，它是由一家鞋城批发市场转型升级而来的。

交通道路、物流快递、电商园区等也属于商业基础设施投资，在笔者看来，未来，通过将社会资源连接、整合、重新盘活并运营起来，这些基础设施投资将进一步走向轻资产化、应用化和融合化，这将是基础设施升级和转型创新的方向。

【案例】田阳：完善农村基础设施 夯实脱贫基础

位于广西壮族自治区西部的一个小县域——田阳县，2016年，县政府组织整合社会资金资源，围绕帮扶贫困村脱贫摘帽的目标，以兵团联合作战、责任承包的方式，实施农村水、电、路、危房改造、网络通讯和公共服务设施建设攻坚战，促进全县农村面貌日新月异，农民生活质量提升，文明程度不断提高，城乡联络更加顺畅，城乡差距不断缩小，脱贫奔康基础不断夯实。

兵团作战，致富道路更通达。投入1.5亿元，采取“兵团联合作战”“老板先行垫资”“监理督查全程跟进”的方式，对全县20户以上的207个自然屯，总计179条，497.5公里的通屯道路实施水泥硬化。由6个县直属部门作为牵头责任单位，分10个区域、24个标段同步开工建设，在保质保量的前提下，全部实现了“年中施工，年底通车”的目标，全县20户以上自然屯全部通水泥硬化道路，受益人数达11111户43951人（其中贫困户2757户10103人）。

建设坡洪镇央律村和玉凤镇玉凤村2个基站，广播电视无线覆盖人口达4万人。通过广播电视有线、无线网络的无空隙覆盖，以及广播电视“村村通”“户户通”直播卫星建设工程的实施，实现了全县152个行政村1407个自然屯有电视信号覆盖。此外，该县还通过后援单位、帮扶干部和社会爱心人士、爱心企业捐赠电视机及接收设备的方式，合计投入192万元，解决了全县2401户无电视机或接收设备的农户“收视难”问题。

企业主管，农民进入信息时代。采取“企业主管、分片负责”的方式，协调电信、移动两家通信运营商，投入205万元对已达标需进一步提升的44个行政村的宽带网络进行提升改造，把农民群众全面带入网络化时代。

完善设施，农村文化阵地更加巩固。按照建设1栋公共服务综合楼、1个篮球场、1个文艺舞台、1个宣传文化栏，组建1支文艺队、1支体育队“六个一”建设标准，投入383万元，补充建设7个乡镇28个行政村的公共服务设施，进一步完善全县农村公共服务场所硬件设施，巩固农村文化阵地。

2.5.2 互联网基础设施下基层

城乡互联网基础设施建设存在较大的差距，农村的互联网基础设施普遍薄弱，这是城乡发展的自然状态，但在外界作用力之下，这种情况完全可以得到较大程度的改善。近几年，移动互联网发展为农村带来的一个显著现象：他们人手一部手机，在各种微信群内抢着红包，跟相距甚远的好友视频聊天，打开淘宝APP享受着购物带来的欢愉……越来越多的村民成为互联网时代的受益者。所以我们也理解成，这个由消费者自己购买的手机，其实也可以看作整个农村基础设施体系的一部分，与基础运营商投资共同构成了整个基础设施体系。

据《中国互联网络发展状况统计报告》数据显示，截至 2016 年 6 月，中国网民规模达 7.1 亿人，上半年新增网民 2132 万人。互联网普及率达到 51.7%，与 2015 年相比，提高了 1.3 个百分点，超过全球平均水平 3.1 个百分点，我国互联网普及率保持稳定增长。

而 2016 年 1—6 月的总体统计规模如图 2-6 所示，我国手机网民规模达到 6.56 亿人，手机上网人群由 2015 年的 90.1% 提升到 92.5%，移动端发展趋势势不可挡。

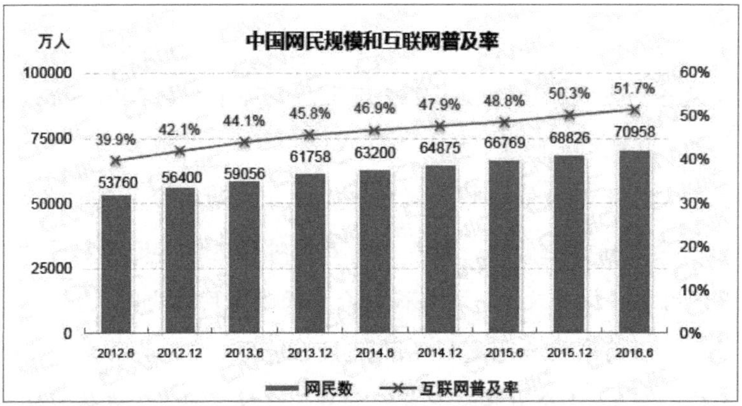

图2-6　中国网民规模和互联网普及率（来源：CNNIC）

随着移动数据网络以及固定宽带等网络基础设施建设的不断完善，利好政策的不断出台，“宽带中国”战略的深化，宽带网络的光纤化改造工作取得了快速的发展，互联网发展对于各区域、各行业的不断渗透，农村地区互联网普及率也将会呈现稳步发展的态势，如图 2-7 所示。

虽然从 2016 年 12 月数据来看，城镇互联网普及率超出农村互联网普及率 33.1 个百分点，在互联网基础设施这一方面的发展，仍还存在着较大的差距。但随着人们对互联网认知的增强，对互联网的使用需求将扩增，新型互联网基础设施建设全面进入广大农村市场，农村信息落后的局面也将逐渐得到改善。

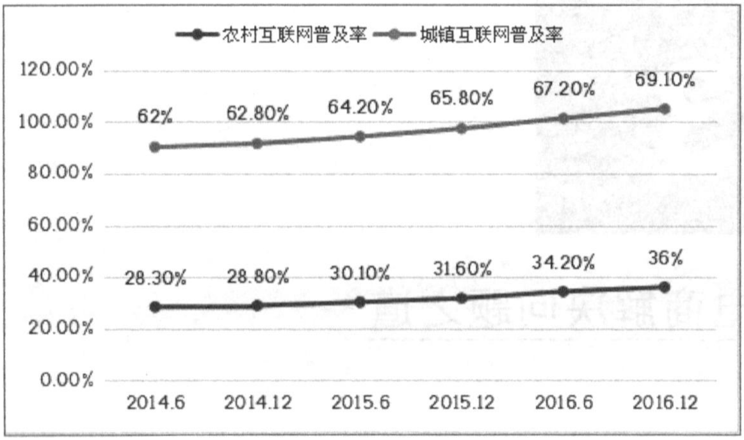

图2-7　联网普及率

未来，互联网作为信息社会的一个重要基础设施，将进一步对中国政治、经济、文化、社会等领域的发展产生深刻影响。

3

农村电商解决问题之道

3.1 加大政策扶持

3.2 加强农村电商基础设施建设

3.3 加强农村电商人才培养

3.4 大力推进农产品品牌化与标准化

3.5 加快构建农产品网络销售体系

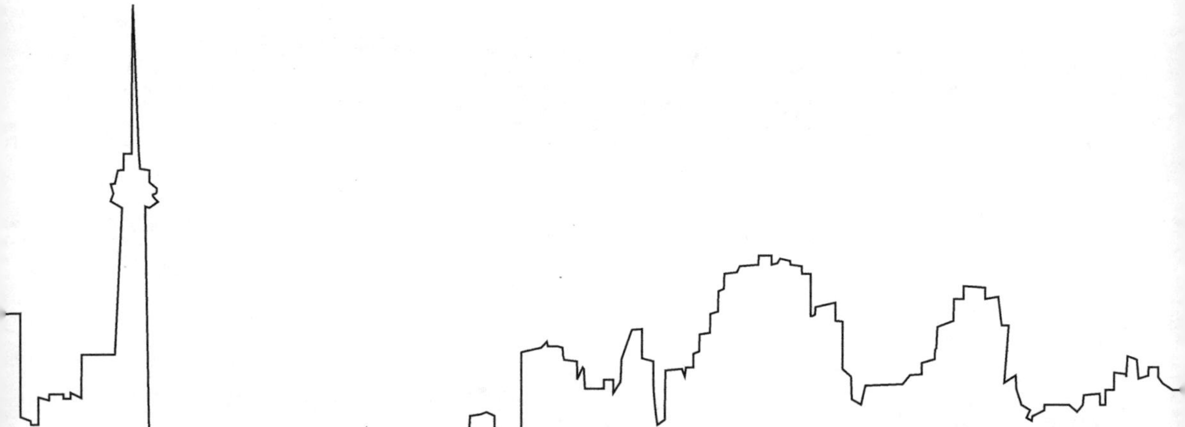

面对农村电商发展中面临的各种机遇与挑战，我们该怎样因势利导解决目前发展中面临的困境，使得农村电商在推动农村社会经济发展中起到更大的作用呢？具体来说，主要可从政策、营销手段等渠道出发，多管齐下，解决农村电商发展中面临的困境。下面首先看一个案例：江津“富硒农业+农村电商”破解农产品上行与供应链难题。

【案例】走传统路子，“两头受困”

重庆江津区是从2012年开始发展富硒产业的。因该区土壤普遍富硒，加上获评“中国长寿之乡”，区委、区政府把富硒产业确定为农业产业的“第一品牌”和“第一抓手”。

起初，江津采取了传统的方式来发展富硒产业：在生产上，采取政府规划的方式，引导发展富硒大米、富硒畜禽、富硒水产、富硒茶叶等一批富硒生产基地；在销售上，在江津和重庆主城建立了30多家富硒专卖店。这样一来，江津迅速打响富硒品牌，并大幅提高了富硒农产品的附加值，但与此同时，富硒产业也面临“两头受困”的尴尬局面：在生产端上，全区虽然建起了数十万亩的富硒种植、养殖基地，但在种植、养殖方式上与过去并没有多大差别：仍以农户分散小规模经营为主，没有品牌、没有销路，产品质量也参差不齐，商品化率低。数十万富硒产业基地产出的农产品，绝大部分未能以富硒产品的方式进入市场；在销售端上，花了不少钱建起来的富硒专卖店，又面临着无货供应或货品单一的尴尬局面：这些专卖店里常常只有富硒大米、富硒茶叶、富硒花椒等少数几种农产品，生鲜极少，不能有效满足市民的消费需求。

“破题”，从发展电商入手

2015年年底，快速兴起的农村电商，为江津富硒产业发展提供了新的发展思路。该区相继引进浙江赶街网、阿里巴巴菜鸟网络、深圳“淘实惠”等机构，联合重庆市寿乡电子商务有限公司等本地企业，打造起了以重庆富硒网为龙头的本土农村电子商务平台。江津由此迅速构建起农村电商“一中心五体系”。

“一中心”为江津区电子商务公共服务中心。该中心采取政府购买服务的方式，委托重庆富硒网运营，主要开展人才培训、创业孵化、富硒农产品在线化包装、网络推广及营销策划等公共服务工作。

“五体系”为培训体系、物流体系、营销服务体系、农产品供应链体系、公共服务站点体系。在培训体系上，江津依托区公共服务中心，今年共开展电子商务培训 39 期，培训 3000 余人次。在物流体系上，该区与阿里巴巴菜鸟网络联合，建起“菜鸟县域智慧物流 +”项目，统一为各镇、村农村电商服务站点实行“三定”（定时、定点、定线）二级配送。在营销服务体系上，一是建起本地交易平台重庆富硒网，主推江津富硒农产品上行；二是在德感园区建成 5000 平方米的电子商务产业园，目前园区入驻电子商务企业 21 家、配套服务企业 14 家；三是携手深圳“淘实惠”平台成立江津创丰淘实惠，整合江津本地商家 200 多户上线；四是建成江津富硒农产品展示展销中心、阿里巴巴“江津硒货”旗舰店、“江津硒货”京东生鲜馆等，全网营销江津富硒农产品。在农产品供应链体系上，建立重庆富硒食品研发中心和富硒农产品监督检验检测中心，对富硒农产品质量安全实行严格监管。在公共服务站点体系上，已建起 100 个标准化的镇级和村级农村电商公共服务站点、33 个农村淘宝站点。

富硒产业快速发展的新动力

“一中心五体系”的建立，使农村电商成为推动江津富硒产业快速发展的新动力。今年以来，重庆富硒网主动策划包装江津富硒产品，积极开展全网营销，几乎每个月都推出一款“爆品”。2016 年，江津通过农村电子商务销售的富硒农产品多达 135 个，实现销售额 1.5 亿元。

农村电商在卖火江津富硒农产品的同时，也“倒逼”农产品加快组织化、商品化步伐。10 年前，石蟆镇通过退耕还林发展起了 9 万亩果橄榄，但因重庆及周边没有食用果橄榄的习惯，这些果橄榄一直没有什么销路。2016 年 6 月，一个名叫何春梅的年轻女创客，利用淘宝等平台一个人就卖出了 22 万斤橄榄，并通过网络营销引来福建、广东等地的大批客商前来收购橄榄，使过去一文不名的果橄榄均价卖到了 7 元一斤。目前，石蟆镇已成立专业合作社，对当地的橄榄基地实行统一管护。过去，嘉平镇一带农民有种黄豆磨豆花的传统，他们习惯在玉米地里套种少量黄豆，供自己食用。2016 年 8 月，富硒网大力营销该镇高山黄豆，使其市场价由过去的1.5元1斤提高到16元1斤。目前，嘉平镇政府已做出规划，将黄豆种植确定为新的农业主导产业，予以大力扶持。

江津“富硒农业＋农村电商”之所以能取得成效，关键就在于通过构建“一中心五体系”，它破解了富硒农产品上行与供应链的难题。一方面，江津通过建立电子商务公共服务中心、培训体系、营销服务体系，迅速培育起一支农村电商人才队伍，打造出一批网络营销平台，并为江津富硒产品的网络营销提供源源不断的策划包装方案，解决了富硒农产品上行。另一方面，江津通过建立物流体系、农产品供应链体系、公共服务站点体系，可迅速集结品质可控的富硒农产品，以较快速度、较低物流成本卖到全国各地，解决了富硒农产品的供应链难题。如此一来，江津富硒产业就有效解决了过去“两头受困”的问题，形成以新消费引领推动新供给的“新动力”。

【案例分析】

在引入电商发展富硒产业之前，江津富硒发展中存在的问题主要有产品标准化差、生产分散、规模小、商品率低、品牌建设弱、销路差等问题。对此，江津的主要做法推出了“一中心五体系”，即建立江津区电子商务公共服务中心，培训体系、物流体系、营销服务体系、农产品供应链体系、公共服务站点体系五大体系，有效破解了富硒农产品上行的难题。具体来看，农村电商公共服务中心作为县域农村电商的载体，是发展农村电商重要环节，它不仅可以助力县域电子商务的发展跨入一个全新的阶段，而且能有效通过电子商务的新型经济模式发挥各地县域经济综合优势，促进县域经济社会运行质量与效率的提升，而完善的培训体系则可以解决人才的问题，为农村电商发展提供源源不断的动力，完善的物流体系可以大幅度提高农村电子商务配送效率，节约配送成本。健全的营销服务体系能有效促进农产品的销售，解决销售困难的问题。完善的供应链体系能够有效促进农产品的标准化生产、提升农产品质量安全。公共服务站点体系能进一步完善农村电商网点，为农村电商的进一步发展提供重要的载体和平台。

江津地区为农村电商的发展提供了一个很好的解决案例，亦即我们可以从政府推动、平台铺垫、人才培训等方面来解决农村电商的发展。

3.1 加大政策扶持

在农村电商发展之初，在实体经济普遍对电子商务认识不到位的情况下，政府主导作用的发挥至关重要，政府要以强大的推动力激发企业无限的创新力，坚持“政府主导，企业主体”，在建立机制、转变理念、营造氛围、编制规划、出台政策、寻找资源、设计载体、搭建平台等方面采取一系列措施，逐步推动农村电商发展。

3.1.1 政策必要性

农村电子商务的发展，离不开政策支持，政策当头，是农村电商发展过程中首先应该予以关注的现象。地方政府要创造良好的投资环境，制定积极的电商政策，提高电子商务经营的积极性，鼓励广大农民进行农产品网络经营。一方面，要建立完善的电商法规，加大市场监督检查的力度，保证投资环境的可靠，促进农村电商的健康发展；另一方面，要学习、借鉴国外电商立法的经验，从而建立与我国国情相符合的电商法律，为农村电商的发展提供保障。

3.1.2 政策扶持八大方向

1. 建设新型农村日用消费品流通网络

支持电子商务企业渠道下沉，加强县级电子商务运营中心、乡镇商贸中心和配送中心建设，鼓励“万村千乡”等企业向村级店提供 B2B 网上商品批发和配送服务。

——商务部等 19 部门《关于加快发展农村电子商务的意见》

2. 加快推进农村产品电子商务

北京、河北、吉林、湖南、广东、重庆、宁夏等 7 省（区、市）重点在鲜活农产品电子商务方面开展试点，采用“基地 + 城市社区”直配模式及“批发市场 + 宅配”模式，建立鲜活农产品电商标准体系。

——农业部《农业电子商务试点方案》

3. 鼓励发展农业生产资料电子商务

吉林、黑龙江、江苏、湖南等4省重点在生产资料电子商务方面开展试点，建立农资网上销售平台，完善农资电商服务体系和农资电商监管体系。

——农业部《农业电子商务试点方案》

4. 鼓励发展休闲农业电子商务

充分发挥电子商务平台作用，为消费者提供实时预定、信息搜索等服务，为休闲农业与乡村旅游经营主体提供市场推广和内部管理提升服务。

——农业部《关于进一步做好休闲农业与乡村旅游宣传推介工作的通知》

在休闲农业电子商务方面开展试点，以采摘、餐饮、住宿、主题活动、民俗产品购销等为主要服务内容，建立统一的休闲农业线上推介、销售、服务平台和质量监督体系，实现乡村旅游线上直销，推动形成线上线下融合、城乡互动发展的休闲农业产业链。

——农业部《农业电子商务试点方案》

5. 培养农村电子商务人才

围绕电子商务实操、网络市场营销、物流配送等内容，采取集中式、片区式、互联网远程教育等形式，为农村青年提供电子商务技能培训，帮助农村青年掌握网络店铺申请、网店美工、产品设计与发布、在线沟通、订单处理、网络支付与安全、营销技巧、售后服务等实用技能。

——共青团中央《关于实施农村青年电商培育工程的通知》

充分利用新型职业农民教育、农村实用人才培训等项目，重点组织专业大户、家庭农场、农民合作社等新型农业经营主体和农业企业负责人，联合有关教育培训机构、电子商务企业，开展电子商务平台使用、农产品和农业生产资料网上经营策略和技巧培训。

——农业部、国家发改委、商务部《推进农业电子商务发展行动计划》

6. 完善农村物流体系

支持快递企业加强与农业、供销、商贸企业的合作，打造“工业品下乡”

和“农产品进城”的双向流通渠道，下沉带动农村消费。

——国务院《关于促进快递业发展的若干意见》

加强交通运输、商贸流通、农业、供销、邮政等部门和单位及电商、快递企业对相关农村物流服务网络和设施的共享衔接，加快完善县乡村农村物流体系，鼓励多站合一、服务同网。

——国务院《关于促进农村电子商务加快发展的指导意见》

7. 加强农村基础设施建设

鼓励有条件的地方建设农业电子商务产业基地、物流园、创业园。支持电子商务市场主体在农村和城市建设仓储、冷链、分拣包装、智能配货等设施设备。

——农业部、国家发改委、商务部《推进农业电子商务发展行动计划》

面向未通宽带的行政村、已通宽带但接入能力低于 12Mbps 的行政村，发挥中央财政资金引导作用，带动地方政府加强统筹和政策支持，调动企业承担电信普遍服务任务的积极性促进宽带建设发展。

——财政部、工业和信息化部《关于开展电信普遍服务试点工作的通知》

8. 加大金融支持

加大对电子商务创业农民尤其是青年农民的授信和贷款支持。简化农村网商小额短期贷款手续。符合条件的农村网商，可按规定享受创业担保贷款及补贴优惠政策。

——国务院《关于促进农村电子商务加快发展的指导意见》

鼓励银行机构和非银行支付机构面向农村地区提供安全、可靠的网上支付、手机支付等服务，拓展银行卡助农取款服务广度和深度。

——国务院《推进普惠金融发展规划（2016—2020 年）》

3.2 加强农村电商基础设施建设

农村电商要想得到快速发展的重要基础是相对完善的电商基础设施，而物流配送网络和配套网络设施则是建设的重中之重。一方面，要建立健全农村物流配送体系，不断优化农村资源配置，进一步降低农村物流成本，探索适宜农村市场的第三方物流；另一方面，要大力推进农村的电话、互联网、有线电视的普及，并根据农村消费水平，制定符合农民消费能力的费用标准，降低农村电商成本。

3.2.1　建立健全农村物流配送体系

建立健全农村物流配送体系建设对农村电子商务发展有着重要的意义，通过利用物联网等新技术，推动智慧物流发展，搭建多层次物流公共信息服务平台，整合各类物流资源，不断提高效率降低成本，实现农村物流发展水平的明显提升。构建农村现代物流网络，可以把分散的农民集结到市场网络之中，通过农产品销售和农产品实物流动的供应链把农民与大市场联系起来，使农民获得更多的市场信息，拉动农民快速响应市场，以销定产。具体可以从以下几个方面入手：

1. 加大政策引导和资金扶持力度

农村物流的发展要从建立市场准入制度与认证标准体系入手，促进农村物流的标准化交易与商品流通规范化。采取财政贴息、税收减免或补助等方式，对农村物流企业的创立和经营给予积极支持与配合。要提供更多的优惠政策，引导农村物流资源整合和农村物流改造提升，实现农村物流资源配置的优化；支持重大农村物流工程建设，培育大型农村物流企业。另外，还要为农村物流企业的发展营造良好的内外部环境。要加强对农村物流企业的监管，使之提供的农产品更安全，质量更高，让消费者放心、满意。

2. 加强农村物流基础设施建设

农村物流的发展需要完备的物流基础设施来支撑。首先，要加快农村道路的建设，使得村与城镇、村与村之间道路通畅，解决农民进出难的问题。其次，建设现代化的农村物流仓储设施，充分应用先进的农产品加工技术、农产品保鲜技术、冷链运输技术、农产品物流实时跟踪技术等，使农产品得到很好的保存，有效降低农产品的损失。第三，改善农村物流运输设备，增加运输车辆，建立车辆运管信息平台、车辆运行监控系统、道路运输认证 IC 卡系统，有条件的地方还可以开展集装箱业务，让农产品快速运输出去。要鼓励和吸引各种力量投资农村物流基础设施建设，加快农村物流业的发展步伐。

3. 加快农村物流信息化建设

信息化是实现农业现代化的基础和前提，是发展农村物流的重要保障，因此加快农村物流信息化建设，提高农村物流企业的信息化水平非常重要。应建立健全农村物流信息收集和发布制度，整合涉农信息资源，推动农村物流信息数据收集整理规范化、标准化。比如，可修建一个农村物流信息发布大厅，通过大屏幕实时提供农产品的价格、数量，联系人及联系方式等信息，使农村物流信息及时、有效、准确地传播。也可以建立专门的农村物流网站，及时发布运输车辆及货物信息，提高物流信息的利用率。还应将该物流网站与各物流企业、货运企业、客运企业的物流信息中心联结在一起，构建农村物流信息化网络服务平台，并逐步实现其与国家物流信息共享平台的相互链接，实现信息共享。

3.2.2 加强农村信息网络建设

农村电商是依托在网络基础上构建的商务平台，通过网络信息，农民更好地适应市场需求，调整种植业和产品结构，搞活城乡流通，发展农村特色经济，提高农业综合效益。同时，农民可以分享远程网络知识，如农技辅导服务、农村医疗服务、精准扶贫服务、缴费便民服务、平安乡村服务、政策传递和政务服务、村务公开服务、农村商务、村级物流服务等，真正在农村地区做到让信息多跑路，让农民少跑腿，全面提高农村的生产生活效率。具体可以从以下几个方面进行建设：

1. 兴建基站。加大基础设施建设投入，确保网络覆盖到位。技术先进，功能完善的信息网络基础设施是发展网络新农村建设的重要基础。《宽带中国战略》明确给出到 2020 年，宽带网络 100% 覆盖城乡；农村家庭宽带接入能力达到 12Mbps 的目标。

2. 政府牵头，开办各种网络学习班，村级及以上乡镇文化活动室，对农民进行网络教育。鼓励农民学习如何使用信息网络，如何利用网络为农业发展服务，拉动农村经济发展，带动农民致富。

3．大力推广电视网、电话网、互联网的融合，把信息化基础设施建设纳入国家公共物品的范畴，加大对农村网络基础设施建设的财政投入，着力推动农村信息化建设发展。设置农村信息建设补贴资金，并明确扶持政策，同时设立农村信息化专项基金，鼓励社会力量投入到农村信息化建设中来，加大信息网络基础建设投入。为建设“互联网＋农村”打下网络基础。

4．教会农民如何利用网络。发挥农村信息化“三农”服务优势，建立农村信息服务的长效机制。村民通过自己上网，查询农业种植的相关视频教学，种植、养殖技术作为指导，学习用网络推销农产品，从而杜绝盲目生产，同时收集信息，利用信息，围绕了解市场需求的信息情况，进行科学合理种植。建立农业信息网络体系，为农业经营者提供丰富精确，畅通及时的信息渠道，从而将农业化管理上升到一个新水平，促进农业管理的科学化、合理化，加快农业的全面发展。

5．建设一支适应现代农业发展和社会主义新农村建设需要的信息化干部队伍。加快乡村网络信息队伍建设，广泛开展农业信息化技术培训，推进农业信息服务与技术推广，提高信息采集，确保农村信息化建设事业快速、有效推进。与时俱进，建设优质、高效、便捷、丰富的网络，为农村信息化建设奠定了坚实的基础，是促进农业生产，发展农村经济，提高农民收入，实现城乡一体化进程的重要途径。

3.3 加强农村电商人才培养

在农村电商快速布局、高速增长的同时，电商人才的缺口在不断增大，并已对农村电商的发展产生了日益凸显的桎梏作用，很多地区农村电商发展正因人才缺乏面临着“有劲使不出”的尴尬局面。要在发展电子商务上有大的作为，在坚持大力引进电商人才外，还需要大力培养电商人才来提供充足的人力资源保障，而加大对农村地区的电子商务专业化人才培训则是解决农村电商人才短缺的重要途径，也是保证我农村电子商务健康快速发展的一个重要前提。

3.3.1 农村电商人才分类

“农村电商人才”是指农村电商的管理、运营和操作人员，包括农村电商的战略人才、规划人才、管理人才、技术人才和操作人才，还包括农村电商发展过程中的创新创业型人才。

电子商务对实践能力要求很高，范围宽泛，包含电商战略规划、电商管理运营、电商实践操作、跨界融合以及行业资源整合等方面，没有扎实的专业基础和实践基础，很难准确地把握市场。根据当前的农村电商发展模式，迫切需要大量的运营操作人员。随着政府和社会对农村电商的不断推动，农村电商将会需要更多的电商战略人才、先进技术人才和创新创业型人才。

1. 农村电商运营操作人才

农村电商运营操作人才是当前农村电商发展需求量最大的部分，包括完成农产品及服务的电商平台如 B2B、B2C、C2C 和微信平台的运营工作人员；完成农产品及服务的市场调查、品牌推广、产品推广销售，能够利用互联网、固定终端和移动终端进行农产品和品牌的推广营销人员；完成农产品网络销售的售前、售中和售后客户服务工作的客服人员。对这些人员要求能够熟悉农产品及服务的特点，掌握具体的网络营销方法和工具，网络客户服务技能，各大电商平台操作流程以及电子商务的基本知识。

2. 农村电商战略管理人才

农村电商是一个系统化的工程，包括了农产品的选择、战略定位、供应链管理、战略规划等诸多内容，是对传统商业思维的颠覆，需要战略管理层面的人才从宏观的角度来思考产品、品牌和运营管理的问题。这要求农村电商战略管理人才需要具备互联网新思维和各方面的综合素质。

3. 农村电商技术人才

在电子商务模式中，技术是推动其发展的必要条件，没有技术的支撑，电子商务无法实现商务模式的运营。在农村电商发展中，需要有完成农产品及服务的电商配套技术，包括计算机网络处理、图片处理、网站建设维护、页面设计等技能。除此之外，还需要数据分析人员，数据分析对于农产品的生产预测、销售预测、产品推广等都具有很大的推动作用，尤其是在大数据时代，数据的掌握和分析是商务成功与否的关键。但是，当前农村电商中非常缺乏此类人才，而且重视度也不够。

4. 农村电商创业型人才

要深入实施扶持青年创新创业政策，通过创业带动当地农民致富，进而推进农村电商的创业。利用电子商务技术和思维，因地制宜围绕农特产品生产加工、农村旅游、农产品生产基地体验、农村服务业等开展创业，完善农家乐、农艺兴趣培训班等新型农业特色产品服务。要完成农村电商创业项目的实施和带动，需要有电商创新创业型人才，能够利用电子商务技术和手段提高农产品的种植、加工、运营和管理水平，构建数字化、网络化、智能化、专业化的信息化农业新模式，创建基于互联网思维的农业农产品经营服务模式，形成示范带动效应，促进农村电子商务发展水平明显提升。这就需要有一批具有创新创业精神和技能的人才，要求具有行业敏感性、资源整合能力、创新思维和人员组织等特质。

3.3.2　农村电商人才培养分析

1. 培养目标

以农村电商人才需求为依据，以农村电商技能为导向，通过学习和培训，掌握农村电商的内涵及特征，熟悉农业及农产品的行业运营规律；能根据农产品的特点，利用互联网技术和电商服务工具进行市场调查预测，完成各大电商平台的运营、网络推广、线上线下销售、网络客服等工作。同时，通过培养学习者的创新创业意识，把握农村电商的发展趋势，利用所学技能和行业敏感度进行农村电商创业。此外，通过专业知识和专业实操，培养适应农村电商发展各个岗位需求的人才，将电商跨界融合到农村和农业的专业型人才之中。

2. 农村电商人才培养对象

从事农村电商工作的人员主要有两个来源：一是农村里原有从事农产品生产经营的人员如农产品生产基地、农业合作社、农业服务机构的员工，经过培训，转型为农村电商中的新农人。二是来源于高校和职业院校培养的电子商务相关专业培养的毕业生。新农人对农村、农业、农民和农产品非常熟悉，对农产品及农业的生产经营有着丰富的经验，在农村有很好的群众基础。但是，他们对于电子商务的知识和技能不了解。所以他们更加需要培训的是如何进行电子商务化，如何利用先进技术进行农产品的生产，如何利用电子商务技术手段进行农产品的营销，如何利用网络技术提供客户服务等。专业毕业生接受了系统化的专业教育，对专业理论知识掌握比较扎实，具有一定的实际操作技能，掌握相关的电商服务工具。但是，他们缺乏对农业、农产品生产经营的认知，对农村和农民的特性了解不够。

3. 农村电商人才培养机制

鼓励和支持社会机构成立专业的农村电子商务培训机构，引导涉农知名电商企业建立产学研用合作机制，持续培养农村电商营销人才、管理人才和网络技术支持等多类人才。此外，要把电子商务知识列入各级领导干部、农村实用人才学习培训必修内容之中。以县（市、区）为平台，积极整合商务、农业等部门培训资源，对县乡村干部、电商网点负责人以及新型农业经营主体、“一村一名大学生”学员和返乡创业青年，开展定期培训指导，不断增强网络交易技能和盈利能力。

在培训内容设置上，基于培养目标和培养对象的分析，对农村电商人才培养知识体系进行模块化处理，以便满足不同群体的不同需求。

模块一，农村电子商务基础知识模块，包括电子商务的含义、特征和模式；电子商务的发展热点和趋势；农业及农产品的特点；农村电子商务的行业特点等。

模块二，农村电子商务技术技能模块，主要包括图像处理技术、计算机、网络技术、网页设计技术、网站建设与管理、电子商务数据分析技术和工具等。

模块三，农产品电商平台运营模块，主要包括淘宝、天猫、京东、微信、拼多多等各大平台的开店流程、店铺装修、商品信息编辑、订单处理等。

模块四，农产品网络营销模块，包括网络营销的思想、方法和常用工具；农产品网络营销的策划；网络营销的效果跟踪等。

模块五，农产品网络客服模块，包括网络客服的常用工具；网络客服的技巧；网络客服的流程；客户关系管理理论等。

模块六，农产品生产经营管理模块，包括农村电商企业管理内部信息化，农村电商企业品牌管理，农产品供应链管理等。

模块七，农村电商创业模块，主要包括创新创业思想和方法，农村电商发展热点，农村电商创业政策解读，农村电商创业案例分析等。

鉴于农村电商人才的两个来源有各自的特点和需求，针对原有农村农产品生产经营转型为农村电商人员的群体，重点培训农村电子商务技术、农产品电商平台运营、农产品网络营销和农产品网络客服模块。当然，可以根据学员自身需求重点选择其中的某一个技能模块进行培训。针对高校和职业院校的专业学生，则需要进行系统化的学习电子商务和农产品经营的知识，并进行理实一体的教学。

在培养方式上，采用双线培养方式，构建线上和线下的整合教学平台。针对原有农村农产品生产经营转型为农村电商人员的群体，通过培训的方式来进行。培训的渠道主要包括短期和长期的集中技能培训，分散的网络在线培训，在培训形式上采用讲座型、操作指导型等方式来进行。

针对在校生以接受在校系统化专业培养为主，以农产品电商企业实习实训为辅，同时在校内开展农村电商创业教育如创业竞赛、校内创业孵化等，引导学生的创新创业。在教学培训资源上，首先，要建立一支强有力的师资团队，高职院校可以借助自身深厚的合作企业资源，整合相关企业和培训学院专业人员、校内专任教师、同行教师，形成一支专注于农村电商教育的行企专家团队。其次，建立农村电商人才培养的实训基地，可以与涉农电商企业、周边县域的电子商务产业园、农村合作社等合作建立农村体验式实训基地、校外实操型实训基地，为理论应用提供实践空间。再次，利用政府和学校资源，建立创业工作指导工作室和创业孵化基地，为农村电商创业型人才提供支撑条件。

图3-1　湖州市“三位一体”推进农村电商技能人才培养

2014年以来，湖州市紧紧围绕“双创”工作，借力“互联网+”，大力实施农村电商技能人才培养计划，努力构建一支专业精通、结构合理、紧贴市情的电商技能人才队伍（如图3-1所示）。截至2015年11月月底，全市完成电商知识培训1.2万人次，新增电商专业技能人才3587人，其中取得双证技师复合型人才182人。

（1）统筹全局“面”，实施“扩面、提质、创牌”一体工程

一是大力培养专业技能人才。深入推进分层培训机制，不断壮大基础人才规模，提升专业人才素质。结合湖州市电子商务进万村工程，以村级电商服务点为基础，发动乡村青年、大学生村官、农村两创实用人才等积极参与，2014年以来共完成乡村电子商务知识普及培训2万余人次。组织开展全市企事业单位电子商务培训班，积极引导广大干部职工和企业职工参与各类电子商务活动。截至目前，全市共培养电子商务职业资格专业人才6743人，其中商务策划师2529人，电子商务师1421人，网络营销师1748人，物流师1045人。

二是专门培养复合精英人才。引进培养通晓电商发展、快速捕捉技术前沿、精通现代商务活动、善于提出电商应用方案，熟悉电子商务产业链、精通技术物流项目管理的高级管理人才和复合型商务人才。2014年以来，举办高管电子商务专题培训班4场，培养电子商务高级主管124人。实施“双师型”复合

人才培养计划，通过多元化考核模式，培养商务策划师、电子商务师双证技师107人，商务策划师、物流师双证技师116人，商务策划师、网络营销师双证技师185人。

三是积极创建优质品牌团队。整合资源优势，形成工作合力，努力创建一批优秀电商教学团队、服务团队和实战团队。成立由电商行业高级专家组成的核心讲师团，开展电商营销方案制订、经典网络营销案例分析等课程培训，完成各类院校专业电商讲师培训工作。2015年举办5期电商师资培训班，培养专业农村电商师资385名。建立市县两级电子商务公共服务中心，发挥大学生村官示范带头作用，全市60%的大学生村官服务于电子商务发展，其中132名业余时间自主创业，2人入选省农村电商先进个人，两支比赛团队斩获浙江省农村电子商务职业技能大赛二、三等奖。

（2）强化联动“轴”，构建“公共、专业、合作”一体平台

一是搭建公共服务平台。充分发挥电子商务公共服务平台资源共享作用，整合政府、企业、行业资源，帮助企业对接第三方服务机构，提供电子商务相关政策、信息发布、视频课程等服务。截至目前，各级公共服务平台已向1500多家企业提供咨询服务近万次，播放培训视频10万余次。依托电子商务协会（商会）的行业，邀请业内知名电商机构每年举办电商联盟网络论坛和电子商务大讲堂，对有关企业开展业务培训、解答疑问和资源下载等服务。截至目前，举办电子商务大讲堂5场，参与企业387家，培训员工1428人。

二是健全专业培训平台。建立统一电子商务培训管理平台，鼓励电子商务企业、电子商务产业园（创业园）开展电商专业培训，优化电子商务产业链配套服务，打造品牌企业（园区）。完善电子商务产业园（创业园）培训机制，引进专业培训机构，实施企业分类培训计划，搭建青年交流联谊平台，建立个人成长档案，加强动态跟踪管理。2014年以来，参与培训企业1683家，培训员工1.8万人。加大品牌园区和示范单位建设，投资打造长兴星网电商创业园、南浔聚宝电商产业园等农村电商产业园24个，德清县诚信农产品电子商务有限公司等两家企业获评省级电商示范单位，织里童装电子商务产业园成功入选“浙江省电子商务10强产业基地”。

三是完善合作培养平台。进一步完善政府、企业、院校合作培养机制，发挥政府统筹协调作用，加强各级部门与职技院校、地方高校配合协作，积极搭建政府与院校、政府与企业、院校与企业电商技能人才合作培养平台。2015 年，湖州师范学院、湖州信息工程学校等 9 家电子商务培训机构被列入省首批电子商务培训机构，南太湖科创中心、欧诗漫等 5 家单位被列入首批省电子商务实践基地。积极引导职技院校、地方高校与各类企业结对，合作开展电子商务培训，推进院校学生和企业职工电商理论和实践水平双提升，力争三年内建成校企合作电子商务培训基地 15 个，培训人数达到 5000 人。

（3）突出成效“点”，推广“教学、培训、比赛”一体模式

一是加快电商教学改革。以市场为导向，进一步明确职技院校、地方高校电子商务专业定位，细化专业分类，改革课程设置，贴近地方就业需求。湖州艺术与设计学校服装设计专业，湖州职业技术学院电子商务专业入选省高职高专示范建设专业，湖州师范学院建立校级电子商务重点专业 1 个，建设省级实验教学示范中心 1 个。2014 年以来，培养在校生电子商务技能人才 2769 人，其中高级工以上 1826 人。加强一专多能“双师型”教师队伍建设，培养既懂市场营销、贸易、物流等方面知识，又具备电子商务应用能力的复合型教师。截至目前，全市取得商务策划师、电子商务师、网络营销师、物流师等高级工以上“双证”教师共 684 人。

二是创新电商培训方法。根据不同群体、不同年龄和文化层次等特点，通过知识普及培训、专业提升培训、专题培训等形式，推出“菜单式”培训、“点对点”培训、赴先进地区观摩学习等培训方式方法。突出培训个性化，推出“你点单我服务”电商培训，自主选择培训内容，细分电商行业工种，首次将店铺操作员、网站美工等纳入培训范围，完成专项能力培训 1293 人；提高培训针对性，开展“点对点”培训 25 次，培训 1600 余人次；培养电商新农民，湖州农民学院组织 22 名茶叶种植大户、网商赴新昌实地学习考察茶叶电子商务，深入了解电子商务服务业与传统产业融合发展之道，学习借鉴先进地区经验做法。

三是打造电商比武擂台。联合政府、企业、协会、院校共同举办各类电商大赛，培养电商技能人才，推动新一轮创新创业热潮。通过政策、资金扶持和

导师辅导等方式，大力挖掘一批优秀农村青年电商创业典型，成功举办“邮储银行杯”湖州农村青年电商创业创富大赛，吸引2000余名农村青年、80多个涉农项目报名参赛；成功举办湖州市“赢在青春”高校毕业生（青年）创业大赛，评出金点子项目10个、优胜项目40个；积极鼓励湖州职业技术学院参与省第九届电子商务大赛，获得精英赛一等奖、团体二等奖。2014年以来，全市共举办各类电商技能大赛36场次，报名参赛人员达1.5万余人。

3.4 大力推进农产品品牌化与标准化

随着人民生活水平的提高，社会对农产品品种、质量、安全、功能等提出了更高的要求。目前我国农产品发展迅速，特色农产品品种齐全、总量不断增加，质量不断提高，但市场竞争力仍很薄弱，针对这一现状提出特色农产品要树立自己的品牌，走标准化之路的观点。

加快农产品品牌化和标准化建设，为农业电子商务的发展奠定基础。电子商务的一个重要特征就是商品的品牌化和标准化，而我国在农产品尤其是鲜活农产品的品牌和标准化生产体系建设上一直相对滞后，这已成为制约农业生产发展的一个重要问题。为了适应发展电子商务的需要，今后一方面要大力推进农产品名牌战略，加快实施农产品包装化、标准化和销售策略；另一方面，政府行业协调机构应当尽快引导广大农民加快执行国家的有关农产品质量等级标准、重量标准和包装规格等标准体系，以减少不必要的资源浪费，为实现农产品的电子交易奠定基础。

3.4.1 品牌化建设

品牌是一个企业产品或产品系列的标志，它蕴含着企业的文化、个性特征、企业性格、群体划分、企业实力等，已成为企业独占鳌头的杀手锏。品牌化立足于品牌，是对某一类或一系列产品的认知标准化、宣传标准化，以达到市场突出和市场区别的作用，它的根本是创造差别使自己与众不同。品牌化对于企业和消费者来说是一种互利双赢的模式。对企业来说，品牌有助于树立企业形象，吸引更多品牌忠诚者，有助于产品的销售并保护企业合法权益，增强企业竞争力。对消费者来说，通过品牌，消费者能更方便地辨认、识别、选购商品，在购买商品时更放心，更好地维护自身的权益。

1. 扩大品牌开发的力度

要实施农产品品牌战略，必须进行产业化经营，形成规模经济效益，解决目前生产规模小、农产品品质差别小、营销方式落后等问题。在生产方面，建立专业性生产合作组织，内部实行企业化管理与经营，走专业化发展的道路，形成特色农业，将原来分散的生产单元集中起来，走规模化、标准化发展的道路；在市场方面，建立有特色的品牌产地市场，集中销售当地的名优品牌，同时建立稳定的销售渠道，开拓新的业务关系，促进农产品的流通；在营销方面，将品牌与产品的包装、标签和企业的形象相结合，提高品牌的形象，并且利用多种手段，扩大品牌的影响力，提高公众对名牌优秀品牌的认知度。

2. 提高农产品的品牌管理水平

和工业品牌相比，我国农产品品牌建设在观念意识、实施手段上都存在较大的差距。农产品品牌建设应借鉴工业品牌和国外的先进经验，结合农产品的自身特点，走自己的品牌管理之路。要建立起完整的品牌管理系统，采取有效措施来进行品牌维护和品牌推广，重视品牌质量的提升。

具体方法有：

（1）充分利用社会对绿色食品、无公害产品等概念的认知，在消费者心中树立品牌的绿色和地域特色，提升品牌的形象。

（2）要慎重选择品牌诉求，突出农产品品牌个性化，防止被竞争者效仿追随，如美国新奇士饮品初始以营养、健康的理念获得消费者认同，很快被竞争对手模仿；后期则在宣传中突出阳光、沙滩、娱乐的诉求，并通过报纸宣传其理性观念，因此塑造了自己独特的品牌形象。

（3）采用现代营销手段扩大品牌的影响力，重视产品包装，搞好售后服务，运用品牌延伸策略，不断提升品牌的价值。

3. 政府加强农产品品牌的支持和保护

农产品品牌建设需要大量的人力、物力和财力的支持，需要政策的支持，因此政府主管部门要给予支持和保护。首先，政府要给农民更多的引导以及政策上的支持，鼓励其创建品牌的信心。其次，加强农产品质量标准体系和监督体系的建设。食品安全、农产品检疫、农业技术标准化及有机食品开发等标准的制定与实施对农产品的品牌建设均具有十分重要的意义。再次，加大农产品生产与加工中所需公共设施的建设。加大对农业所需基础设施的建设力度，提高农业抗风险的能力，提高产品的竞争力，给农产品的品牌建设提供强有力的保障。

【案例】品牌支撑临安农业升级

临安是杭州下辖的县级市，该市开展电子商务始于2000年左右，经过10多年的发展，电商已经成为助推临安县域经济发展的强大动力。临安的特色农业电商化在全国领域里独树一帜，它以最初的一颗山核桃，撬动了整个县域经济，孕育了健康的电子商务生态圈。2014年，山核桃等坚果炒货网销额15亿元以上，占全部农村电商销售额的85%。据阿里研究院发布的2014年阿里零售平台农产品成交额排名统计，临安市在全国县域排名第二。

临安取得喜人成绩的背后，离不开农产品的品牌化打造。2009年，临安山区受电商热潮鼓舞，大批传统涉农企业开始转移销售渠道战线，拓展网络推广，线上品牌别开生面。与此同时，伴随国家大政策"互联网+农业"的时代背景下，另一批短小精悍、异军突起的类似卖货郎、村村乐、一亩田等初创型农村电商企业，纷纷打通"农产品进城"和"工业品下乡"双向渠道，帮助当地农户建立个人品牌，让农产品直接面对全国各地消费者。值得一提的是，注重农商品牌化的"卖货郎"，线下更为乡村找当地居民共建村镇级电子商务服务站，形成区域电商，为村民提供代买等电商生活服务，形成了集合交易、金融和物流的区域综合性农村电商服务平台。

在县域电商的发展过程中，农产品的品牌化传播有助于商家建立并维护品牌与消费者的关系，培养消费者的品牌忠诚，提升农产品的市场竞争力，最终实现收入的提升。同时，这对于推动农村农产品专业化、标准化生产也都有着极为重要的意义。

3.4.2 农产品标准化建设

农产品标准化是对农产品类别、品种、质量要求、检测方法、包装、运输和储存等所作的技术规定，它直接影响农产品信息的正确传递与否，进而影响农产品的流通速度和交易。对农产品生产过程的标准化控制，尤其是无公害农产品、绿色食品和有机食品的生产，一定要严格控制在国家的监测指标之下，严格遵照国家有关农产品加工的标准进行加工、流转。

（1）农产品标准的内容。农产品主要是三类标准：种用农产品质量标准化；农产品质量标准化；农产品质量检测方法标准化等。

（2）农产品标准的分类如图 3-2 所示：

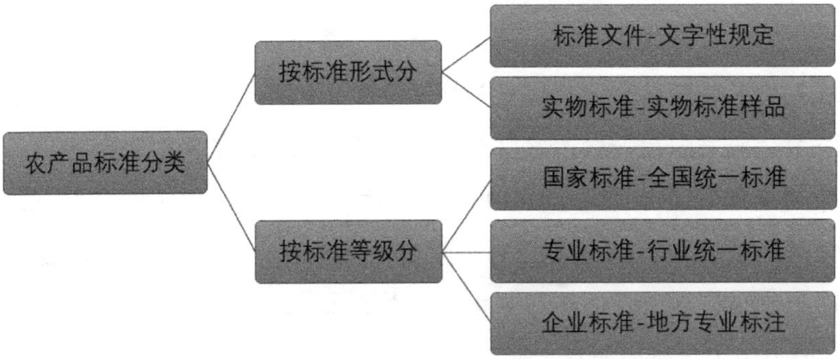

图3-2　农产品标准分类

农产品标准化建设主要可以从以下几个方面入手：

1. 建立和完善农产品标准体系

标准化要以《产品质量法》《标准化法》为依据，研究世界各国农业标准体系，参照有关国家标准，行业标准制定地方标准，为实施农产品名牌战略、市场准入制度奠定基础。根据国家农业行业标准的制订和修订计划，在这些地方标准的修订上，应根据国家农业标准制作修订计划，借鉴发达国家农产品标准的制定现状，力争做到 5 个创新——种子标准要创新；操作规程要创新；产品标准要创新；加工和包装标准要创新；贯彻实施标准要创新。同时，还要注意标准的配套性（产前、产中和产后标准）、可操作性和适用性。

2. 完善农产品监管体系建设

发挥政府部门的组织和引导作用，联合行业协会、研究机构、物流企业，加大对农产品技术标准、计量标准、作业和服务标准、成本计算标准的研究，制定国家和行业标准，严格按照标准从事农产品生产经营活动，推动上网农产品质量等级化、标准化、包装规格化。充分发挥各级质检机构在农产品质量检测、检验的作用。在检测、检验机构的建设上，避免过去那种小而全，重复投资，低水平重复建设的做法。本着高起点、重实效、能吃饱的原则，集中有限的人力、财力，高水平建设同国际接轨的实验室。由政府宏观调控，必要时通过考核权衡，依据检测能力（必须通过国家或省级计量认证），检测项目实行分包实验室制度。同时，对现有的质检中心按照国内一流的水平配套检测设施，添置检测仪器，完善检测手段，配备检测人员，不断提高装备水平和技术能力，充分发挥现有质检中心的作用。加强质检人员队伍建设。加大培训检测、检验人员的政治素质、业务水平的力度。实行“绿色巡视跟踪检查制度”。由于农业生产周期一般较长，通过实行“绿色巡视跟踪检查制度”，将农产品的质量问题解决在农业生产的各个环节中。

3. 健全和完善农产品标准技术推广体系

农产品标准化需要推广和实施，才能变为现实的效益和成果，健全农业标准技术推广体系是标准化工作的重要环节。

（1）宣传和贯彻农产品标准化知识。通过网络、报纸、广播、电视等各种媒体和方式，大力宣传标准化在农业中的作用，促进农民的观念转变和思想更新，增强农民的标准化知识培训，使他们掌握与其相关的农业标准化基本知识。

（2）建立标准化推广网络。充分利用现有农业技术推广体系，发挥各级农业技术推广人员主力军的作用，并以此为主干，建立示范乡、乡有示范村、村有重点示范户的标准推广网络，让农民亲眼看到农产品标准化的“效力”。

（3）充分发挥龙头企业的带动性。农业龙头企业的农产品标准化建设程度较高，开展农产品电子商务建设可以促进农业产业化发展，提升农产品竞争力，创造新的发展机遇。农业龙头企业向电子商务转型首先要加强企业内部信息化建设，建设企业内部网和通向国际互联网的外部网络基础设施，逐步实现主要业务向电子商务过渡，最终成为电子商务型企业。

3.5 加快构建农产品网络销售体系

农产品上行是农村电商发展中的重中之重，如何解决农产品上行难的问题是很多县域发展农村电商中碰到的重要课题，而构建多元化的农产品网络销售体系、进行农产品网络营销策略创新是其中重要的解决路径。

3.5.1 构建多元化的农产品网络销售体系

（1）拓展农产品网络零售市场。以“淘宝中国特色馆”“京东中国特产馆”等平台建设为主要载体，打造农产品网络销售平台、县域农产品特色馆，并逐步向其他知名电商平台拓展网络零售业务（如图 3-3 所示）。

图3-3 网上市场

（2）积极构建农产品品牌场景营销，使营销方式与人们的生活场景紧密结合起来。即在销售过程中，以情景为背景，以服务为舞台，以商品为道具，通过环境、氛围的营造，使消费者在购买过程中口、耳、鼻、眼、心同时感受到“情感共振”式的体验，通过情景来打动消费者的购买欲望，激发消费者的共鸣，进而促进产品的销售。在农村电商发展中，应该积极搭建农产品场景营销，以满足消费者的需求。科技在进步，产品在迭代，体验也必须日新月异，这样才能打开产品销路。

（3）积极探索农产品跨境电子商务零售出口，加快形成向全球市场辐射的农产品网络零售体系。一是构建 F2C 的模式，指的是农户直接将农产品卖给消费者的模式，如为大农户则建立起个人电子商务的网站，小农户则在网上来开店，此模式目前应用不多，却是未来的电子商务发展的方向。二是构建 F2B 的

模式，指的是农户和农产品的相关需求方间进行电子商务的模式，此模式适合于大规模的农业生产或集体生产企业。三是构建 F2 | 2C 的模式，指的是由农户、中介公司及顾客等三者共同组成的电子商务的模式，此模式较为适合于小农户与消费者。

（4）积极探索生鲜农产品网上直销。引导现代农业园区、特色农产品生产基地开展"网上农产品直销"和"时令农产品预订"，到 2017 年在全省建成 50 个左右农产品网络直销基地，推动农产品生产基地和农村专业合作社转型升级。鼓励发展生鲜农产品"网订店取"业务，引导电商企业和社区便利店等传统商贸企业合作，提升生鲜农产品网上销售的客户体验度和服务水平。

（5）适时开展季节性农产品网上促销。依托第三方网络团购促销平台，开展季节性特色农产品团购促销活动，促进季节性特色农产品销售，逐步缓解区域性农产品滞销等问题；加强全省协作，探索"网络购物节"等促销机制，培育一批季节性、固定式的农产品网络促销活动。

（6）构建多层次的农产品网上批发渠道。结合农产品特点，积极发展农产品网上批发、大宗交易和产销对接等电子商务业务。推动特色农产品生产和加工基地依托知名电商平台建设区域性电商专区，开展农产品网上批发业务。拓展农民信箱农产品商务功能，促进农民持续增收。引导有条件的农产品交易市场和生产基地发展网络分销业务，推动一批标准化水平较高的农产品进行网上大宗商品交易，支持有条件的农产品批发市场建设网上现货交易平台。引导农产品经营者在国内知名的涉农商品信息平台发布农产品供求信息，促进农产品产销对接。

3.5.2 农产品网络营销策略创新

1. 健全农产品网络营销模式

目前，农产品网络流通主要为农业企业网站和政府农业网站，而且呈现无序化特征。在淘宝网等主流零售网站上，销售农产品的主体主要为经营农产品销售农业企业，农产品生产企业数量较少；而政府农业网站建设存在内容单一、建设滞后等问题。但就我国的农业现状而言，单一的农户在农业主体里仍然占有很大比例。如何让这一群人直接参与到农产品流通中，利用网络无疑是一个简单有效的方式。另一方面，农产品网络销售模式一直以来只强调面向农业企业和政府的 B2B、G2G、B2G 方式，而现今网络上出现的 C2C（Customer to Customer）模式大大刺激了农产品的销量，即“个人与个人之间的电子商务”。

2．健全农产品网络营销的信息化服务体系

农产品自身的特点，很容易使市场调节资源的能力在某种程度上“失灵”。现今农产品都是借助第三方平台推动网络营销的，具有规模和影响的农产品销售专业网络少之又少；缺乏一个立体的农产品信息化平台，使我国农业在生产和销售预测功能方面非常落后，就表现为没有构建一个跨省（市）、地区协同运营的电子商务交易平台，加之没有完备的农产品信息数据库和缺乏农业信息化人才等原因，农产品网上销售监测功能弱化，构建一个全方位的农产品信息化平台迫在眉睫。

3．加强农产品网络营销保障体系

目前国内电子商务企业解决交易双方商业信誉问题多采用“保证金”“无理由退货”等制度，借鉴这些成熟的制度，应建立一个既适合农产品又有效力的农产品销售的信用保障体系。既要确保农业生产者的收益又要保护消费者权益。其次要建立适合农民的安全、严密的社会范围的个人信用卡和电子货币网络支付体系，保障网站交易安全。再次，建立一个立体的农产品网上销售保险金制度，降低农业风险，这些保险应涵盖农产品生产的小额贷款、加工、包装、物流和消费等领域。最后，农产品网络营销的高效率需要创新农产品物流体系，物流体系的核心是降低物流成本和提高物流效率，从而满足农产品网络营销要求。

【案例】借助“互联网+”遂宁农产品“走出去”

如图 3-4 所示，射洪清见、安居柠檬和 524 红薯陆续通过“互联网 +”销往全国各地，摆上大城市的超市货架。在农产品搭上互联网的热潮中，遂宁市借助“电子商务平台”发展“互联网 + 农业”，开启农产品营销新模式。“互联网 + 农业”营销新模式在我市的兴起，不仅有助于遂宁特色农产品销售，更能倒逼农产品升级，提升农产品品质。

图3-4 “互联网+农产品”

在“互联网+”的潮流下，农产品“触电”已经成为一种新趋势。市商务局负责人表示，发展“互联网＋农业”，有利于解决分散的小农生产与大市场“对接难”的问题，减少流通环节，帮助遂宁名特优农产品更好地走出去。

借力电商平台，名优农产品销往全国各地

“借助电子商务平台，公司2015年上半年完成14万单销售，销售额达200万元。”射洪金柠农业开发公司总经理李鸿儒介绍，通过公司打造的“蜀之味”电子商务平台，今年金柠公司的柠檬和特色农产品陆续销往全国各地。“没有想到，农产品‘触电’能带来这么好的效益。”

金柠农业开发公司仅是我市农产品“触电”的受益者之一。2015年5月，通过市供销社与四川北斗垄源公司牵线搭桥，首批总重约6.5吨的射洪清见运抵上海，在各大超市上架销售。射洪清见还与上海城市超市达成合作计划，陆续为超市供货。同时，我市的香叶尖、建兴青花椒等企业也积极开展电子商务，拓展营销渠道，取得了明显成效，成为遂宁“互联网+”的先行者。不仅如此，安居柠檬和524红薯也通过“互联网+”的形式陆续销往全国各地。

提升农产品品质，电商倒逼农产品升级

大城市超市进入门槛高，对农产品品质要求十分严格。遂宁农产品如何提升品质，更快融入“互联网+”？

“通过电商倒逼农产品升级，能有效提升农产品品质，适应农村电商发展需

求。”四川北斗垄源公司负责人王永东介绍，该公司建设了农产品溯源标准体系，融合欧盟农业标准、农业部标准和北斗技术，进行标准化认证后，通过北斗垄源的“电子商务平台”销往全国各地。

在市农业局记者了解到，目前我市已成功认证有机食品16个，绿色食品65个，无公害农产品259个，国家地标保护产品9个。这为遂宁农产品适应“互联网＋农业”营销新模式奠定了坚实的基础。

2015年6月，市农产品营销服务中心发出《四川省遂宁市农产品区域公用品牌名称（Logo）有奖征集公告》，面向全国征集优秀作品，标志着我市农产品品牌营销迈入全新模式和水平。而实施农产品区域公用品牌战略，其中的一个重要特点就是凸显“互联网＋农业”概念，提升农产品品质。

目前，我市农产品质量安全追溯平台已全面上线运行。在已有22家农业龙头企业的产品纳入质量安全追溯系统的基础上，市农产品质量安全中心还为射洪双盈蔬菜专业合作社、峻原农业等公司建设了视频监管系统，适时监看农业投入品的使用、农事生产过程、产品的采摘，实现农产品生产质量监管远距离巡查，零距离监管。下一步，我市将继续在各区县建立视频监管系统，提升农产品品质，促进绿色和个性化生产。

多点联动发力，做大农村电商市场

2015年3月，射洪县被评为省级电子商务进农村示范县。射洪县商业局局长蔡惠清介绍，今后3年，射洪将建立包括1个县级电商服务中心，15个乡镇区域配送中心，400个村级电商服务点在内的农村电子商务综合服务平台，加速农村电子商务发展。

年内，市供销社将组织协调全市2000多个村级农家店、农家乐，由北斗垄源公司无偿配送安装云终端，通过农家店云终端，连接广大农村的千家万户，通过电商平台，帮助农民销售优质农产品，形成方便、快捷、安全、简洁的产品流通体系。

企业积极踊跃，各区县在发展农村电商上也有大的行动和规划，农业、商务等相关部门也纷纷助力农村电商发展，以期做大遂宁电商市场。

4

农村电商运营方案

4.1 农村电商的运营特点

4.2 市场调研

4.3 商品管理

4.4 营销策划

4.5 客户维护

4.6 财务管理

4.1 农村电商的运营特点

4.1.1 农村电商主流销售模式

自建平台

平台是指整个农村生态链的资源进行整合，成为农村信息、资源、业务汇聚的服务中心。自建电商平台适合实力强大的农村企业或合作社采用，能有效保护自己独立的销售渠道。自建电商平台需要有一定的团队进行技术开发和维护、信息更新、平台推广整套系列的运营投入，对于普通的农村个体户来说成本太高、风险太大。

电商平台

第三方电商平台一般都是互联网行业领先的电商企业搭建的平台，有淘宝网、天猫商城、京东商城、亚马逊、苏宁易购等大型电商平台。其中针对农村市场，各大电商更是八仙过海各显神通。

2016 年排在前十的农村电商平台有农村淘宝（村淘）、京东农村电商、苏宁易购、淘实惠、乐村淘、卖货郎、邮政、赶街网、易田、乡城品。

农村淘宝又叫“村淘”，是阿里巴巴集团战略项目，普及村民对电子商务的认知和理解，发挥电商优势，实现网货下乡和农产品进城的双向流通功能。自 2014 年以来农村淘宝计划在三至五年内投资 100 亿元，建立 1000 个县级和 10 万个村级服务站，覆盖中国 1/3 的县及 1/6 的农村地区。

微信第三方

人人皆知的微信社交软件，其第三方平台主要有微店、有赞、微盟、点点，运营者可以通过第三方开发微商城、微官网可以连接微信，通过公众号进入微商城或微官网。

4.1.2 农村电商运营的优劣势

农村电商运营的优势在于农村可以依赖本身丰富的土特产、乡村资源为基础发展商品，所以农村市场的商品和服务相对具有地方特色；农村的生活成本低，所以劳动力成本相对也低。

农村电商运营最大弱点在于大部分农村电商从业人员缺少电商项目的运营管理经验，甚至对于各类软件操作能力都非常薄弱，所以大部分农村电商运营者都很难系统化制订运营管理方案，更缺乏如何把方案落实到实施细节的管理能力。

农村电商运营无论选择哪一种销售模式，都需要细心制订适合自身商品的运营管理方案。针对农村产品特点，我们将农村电商的运营方案分为市场调研、商品管理、营销策划、客户管理、财务管理五个部分进行讲解。

4.2 市场调研

4.2.1 农村市场的商品特点

农村电商大部分以出售农产品为主，但是农产品普遍具有地域性、季节性、需保鲜等特点。农产品的特点要求运营者对消费市场的判断和把握更加精准，而市场调研的数据才是运营者对市场进行判断和把握的客观依据。我们针对农村电商可以通过以下手段开展市场调研进行讲解。

4.2.2 市场调研手段

电商平台数据观察

国内电商可以查看淘宝网的类目数据。可以在淘宝网上找到农产品的细分类目，查看热卖商品排行榜观察商品的销量、特点、包装等详细信息。也可以通过关键词进行搜索，查看相关产品的数据。如图 4-1 所示，在“美食 / 生鲜 / 零售”类目这里找到“土鸡蛋”小类目，就可以点击“土鸡蛋”选项进行查看。

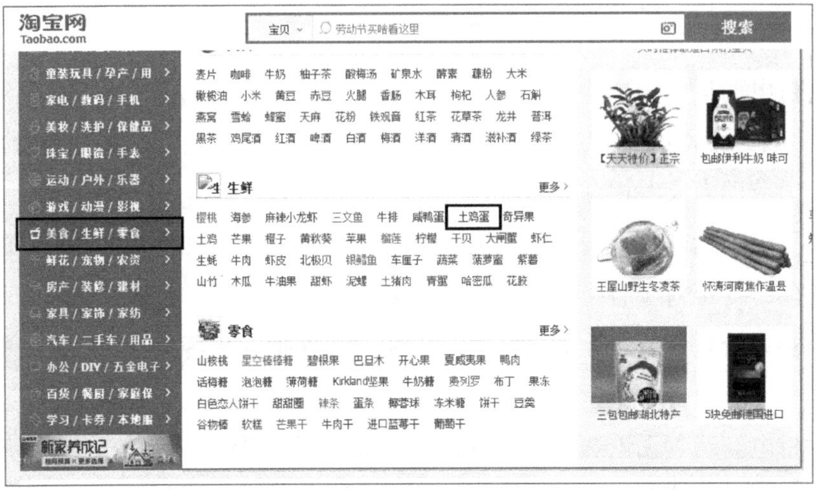

图4-1 “土鸡蛋”小类目

输入关键词“土鸡蛋”，然后点击“销量从高到低”排序，如图 4-2 所示，可以看到土鸡蛋最近一个月的销量排行榜。

图4-2 “土鸡蛋”销量排行

选择“价格”下的子菜单排序，如图 4-3 所示，就可以选择查看商品相关从低到高或从高到低的两种价格排序方式。

图4-3 “土鸡蛋”价格排行

如果想打开国外的电商渠道，也可以查看速卖通、Amazon 平台上相关类目或产品的销量排行榜。

常用数据分析平台

百度指数以百度海量网民行为数据为基础的数据分享平台。在这里，你可以研究关键词搜索趋势、洞察网民兴趣和需求、监测舆情动向、定位受众特征。网址 https://index.baidu.com/，以杨梅为例，如图 4-4 所示，在百度首页输入“杨梅”关键词。

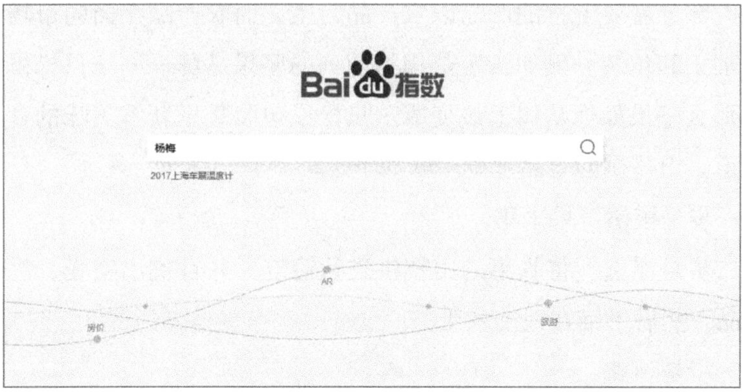

图4-4 百度搜索“杨梅”

进行搜索后出现了如图 4-5 所示页面，这里可以选择最近、七天、30 天、半年、全部的任意一个时间段进行关键词搜索指数，能够看到同比搜索指数和移动搜索指数、整体同比和整体环比、移动同比和移动环比的相关数据。

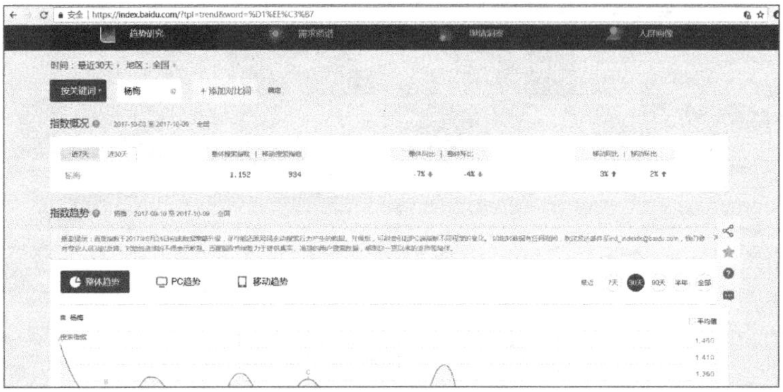

图4-5 “杨梅”搜索指数

Google Trends 谷歌趋势，在 Google Trends 里可以看到每个关键词的搜索趋势，可以根据升高或降低来判断产品最近的销售趋势。

4.3 商品管理

4.3.1 加工成本

农村大部分需要上行的产品以农产品为主，而农产品在面向市场之前首先需要进行加工和包装。例如淘宝热销榜前列的坚果品牌——三只松鼠，很多人都买过，那么坚果如何从树上蜕变成三只松鼠包装袋里新鲜美味的食品估计很多人不知道。山核桃的出品基础步骤如下：

- 第一步是核桃鲜果采集。
- 第二步是浮选。将收集的山核桃进行清洗，并且挑出空壳、烂疤等一些次品，然后平铺在地上吹干。
- 第三步是预煮。
- 第四步要敲裂、烘烤、冷却。这是山核桃变身成手工山核桃的关键步骤，在这个时候，山核桃变成奶油味、椒盐味等多种口味。

- 第五部是包装。而山核桃仁还将进行去壳、挑拣等步骤。

山核桃在以上的过程中肯定会有成本损耗。具体损耗量、原材料、烹饪、人工等成本，我们需要根据产品具体加工环节进行管理，可参考表 4-1 所示的加工成本表。

表 4-1 加工成本表

单位：元

产品名称	原材料费用	烹饪加工费用	预包装费用	人工费	损耗	燃料 + 动力	合计	备注
咸鸭蛋	500	100	50	150	10	30	840	每一百斤的加工成本
土鸡蛋	450	0	20	100	30	0	600	每一百斤的加工成本

成本加工表用于统计商品的加工成本。根据统计的数据可以合理地降低成本，保证质量的前提下降低成本，价格就比同类产品的更具有竞争优势就会促进销量增加，企业利润自然也会增多。

【表格填写注意事项】

- 原材料费用这栏需要对应市场的价格，计算出同重量的商品需要多少元的成本。
- 烹饪加工费和燃料费的区别在于：烹饪加工包含某些香料或者一些特殊调味料的费用；燃料费只是指燃料费用，不包含其他。
- 备注列需要你填写这一成本共计制造出了多少商品。用于你计算每斤或者每个商品的成本。需要注意的是此电子表格的合计列是自动计算前几列之和，无需手动输入。
- 如果删除合计列，无法恢复，需要重新下载表格进行使用。

表格链接：	表格二维码：
http://t.cn/R6WWWWP	

4.3.2 仓储成本

仓储成本是指企业在开展仓储业务活动中各种要素投入的以货币计算的总和，仓储成本是产品成本的重要组成部分之一。仓库的租赁维护费用、货物的搬运费用、后屋管理费用、仓储的损耗都是需要考虑的因素，如表 4-2 所示。正式运营项目之前对货物仓储的成本进行核算与分析，能有助于提高仓储管理水平，能降低仓储成本。

表 4-2　仓储成本表　　单位：元

日期	折旧费或租赁费	人工费	修理费	装卸搬运费	管理费用	仓储损失	合计
2017-03-01	1000	3500	100	200	200	0	5000
2017-04-01	1000	3500	50	100	200	10	4850
2017-05-01	1000	3500	0	100	200	0	4800

【表格填写注意事项】

- 如果是小型的仓储可能人工费、装卸搬运费用、管理费用这些都是一个人管理的，那么你可以把其他不需要的列进行删除，不影响最后的合计列计算。
- 需要注意的是，如果你需要新增一列，那么需要打开合计列的列设置，把你新增加的列添加到计算公式中。

表格链接：	表格二维码：
http://t.cn/R6WWfoT	

4.3.3 流通成本

流通成本是流通主体为了完成产品由生产者向消费者转移进行的资源总投入，表现为在不同流通阶段的运输、仓储、包装、加工、配送等，或在不同流通内容商流、物流、资金流、信息流上的费用支出总和。从外延上看，流通成本既包括流通主体的内部经营管理成本，又涵盖该流通主体与其他流通主体之间的交易成本，以及同样需要支付的税收、工商管理费等外部性成本。针对农村电商流通成本预算和管理可以参考表 4-3 所示。

表 4-3 流通成本表

单位：元

产品名称	进价成本	销售成本	仓储成本	损耗成本	物流成本	推广成本	人工费用	合计	备注
咸鸭蛋	500	100	30	10	120	0	150	910	每百斤鸭蛋的流通成本

【表格填写注意事项】

- 人工费用这一列并不是所有商品都需要计算出成本，如果没有人工成本可以忽略不填。
- 合计列有计算公式，自动计算出前几列之和，无需手动计算。如果删除合计列，无法恢复，需要重新下载表格进行使用。

表格链接：	表格二维码：
http://t.cn/R6WWBxw	

4.3.4 产品定价

为产品定价，是一个比较困难的工作。价格定得过高，有可能会让你失去很多潜在客户；而价格定得过低，虽然能让你获得更多客户，但是你却有可能在行业内掀起一场价格大战，最后连实现收支平衡都变成了奢望，所以定价之前先要掌握电商行业最基础的两点定价策略。

先把价格定高，然后再降价

产品的价格其实是可以调整的。只不过，涨价不易，降价易。在产品刚刚登陆市场的时候，你可以将价格定的稍稍高一些。随后再进行不断的调整降价，直到找到完美的定价水平。

苹果就经常这样做。每年当最新款的 iPhone 上市时，总是有人批评新产品价格过高。当获得了一些早期接受者之后，苹果就会慢慢地降低设备价格，让价格回落到一个更加合理的水平上。忠实的苹果粉丝不在乎多花的那一部分钱，而其他消费者则可以耐心等到价格降低的那一天。

了解自己的成本

在每个行业中，都有一个产品成本和零售价格的一般比例系数，你必须了解这个系数。

我曾与一个卖枕头的创业者进行对话。在这个行业中，产品成本和零售价格的一般比例为 1 ： 5。然而在最初的时候，这个创业者以低于这个系数很多的价格进行销售。结果就是，他险些破产。

创业者必须了解原料、生产和分销等所有成本，这样才能够为产品制订出合理的价格。

确定利润率

清楚自己的产品成本后就可以确定一个合理的利润率，在考虑利润率的时候需要结合市场环节和行业特点等多种因素进行考量，基本能够制订出产品的定价方案了，产品定价方案可以参考表 4-4 所示的产品定价表。

表 4-4　产品定价表　　单位：元

店铺货号	仓库货号	商品原吊牌价	现标价	内衣成本（文胸内裤）	基础6折	使用50元现金红包后价格	非会员成交价格	非会员基础毛利	非会员扣10元运费后利润	一级会员5.5折	会员成交价格	会员基础毛利	会员扣10元运费后利润
U01C3R	62004	358.00	368.00	52.00	220.8	164.8	164.8	68.8	58.8	202.4	152.4	100.4	90.4
U01C3R	61005	358.00	368.00	52.00	220.8	164.8	164.8	68.8	58.8	202.4	152.4	100.4	90.4
U02C3R	0XM001	188.00	198.00	34.68	112.8	62.8	62.8	34.12	24.12	108.9	58.9	24.22	14.22
U02C3R	ZP001	188.00	198.00	32.52	112.8	62.8	62.8	36.28	26.28	108.9	58.9	26.38	16.38
U02C3R	HM001	198.00	198.00	35.48	118.8	68.8	68.8	33.32	23.32	108.9	58.9	23.42	13.42
U03C3R	61008	288.00	298.00	41.00	172.8	122.8	122.8	57.8	47.8	163.9	113.9	72.9	62.9
U03C3R	62006	288.00	298.00	41.00	172.8	122.8	122.8	57.8	47.8	163.9	113.9	72.9	62.9

成功的定价可以在价格战中凸显优势，所以定价时要充分考虑到后期的折扣和使用优惠券之后的利润空间。

【表格填写注意事项】

- 这张表格的公式列比较多，建议不要删除任何列，避免导致计算结果出问题。表格中的计算公式一一列出在下方这个列出，便于你理解计算每一项的数据。
- [基础 6 折] 这一列的公式为：现标价 ×0.6（此处的 0.6 是因为前面是打六折，如果您打其他折扣，需要把这个数字更改为你自己的折扣）。
- [现金红包 50 元] 这一列的计算公式为：基础 6 折 –50（此处的 50 是因为做活动，客户可以领到 50 元的现金券，如果你的现金券是其他金额，需要把这个数字更改为你自己的现金卷金额）。
- [非会员基础毛利] 这一列的计算公式为：非会员成交价格 – 内衣成本（文胸 + 内裤）。
- [非会员扣 10 元运费] 这一列的计算公式为：非会员成交价格 –10（此处的 10 是因为单笔订单的运费需要 10 元，如果你的快递费用是其他金额，需要你把这个数字更改为您自己的快递费用）表格模板中的列名称都可以进行更改，下面几列公式与前面类似。

表格链接：	表格二维码：
http://t.cn/R6WYZSO	

4.4　营销策划

做好店铺的营销策划工作是电商运营的关键点。营销策划主要围绕产品策略、品牌策略、价格策略、促销策略这几方面展开，并且需要根据自身产品的特点进行营销模式的创新，才能收获极佳的效果。

通常在年底的时候会对明年制订年度的营销计划，根据明年的节假日、产品的季节性产量、市场的供需淡旺季、产品的库存情况等多角度考虑后，制订出一整年的营销策划方案。

每一个策划案实施都需要一定的周期，从前期预热、活动中期、到活动后期，每一个活动执行的周期不同，而特定时段内又会有好几个活动交织在一起进行，所以对大量的策划案需要制订管理方案，根据时间轴进行落实，才能井然有序地开展和执行。这里有详细的策划案时间管理表可参考，如表 4-5 所示。

表 4-5　策划案时间管理表

工作编号	任务名称	执行人	团队成员	交付物	策划内容	开始时间	任务持续时间	结束时间	状态	2017-04-01 六	02 日	03 一	04 二	05 三	2017-04-06 四
2	内页装修	Kyle	MAX，Roesmarry	完整内页	店铺内页完整装修，链接完整，活动展示完整，说明完整，属性完整，区域划分完整，宝贝详情完整。	2017-04-01	3 天	2017-04-03	计划						
1	首页装修	Kyle	MAX，Roesmarry	完整首页	店铺首页完整装修，链接完整，文案完整，区域划分完整，展示完整	2017-04-01	5 天	2017-04-06	执行						

作为运营负责人通常除了要提前策划营销方案，还需要对销售额进行预测。根据每个月的策划案或活动计划，就可以对当月的销量初步预估出涨幅的比率，然后把一整年的销售目标根据占比分解到月份，就能看到每个月的预估的销售额，具体可参考表 4-6 所示。

表 4-6　销售额预估表

年销售额目标（2000000）	2017-04	2017-05	2017-06	2017-07	2017-08	2017-09	2017-10	2017-11	2017-12	2018-01	2018-02	2018-03
销售占比	0.5	1	2	7	7	8	3	6	13	7	7	8
货单价	100	100	100	90	90	80	80	100	100	100	100	100
推广占比	22%	20%	20%	14%	15%	14%	18%	20%	20%	12%	10%	10%

【表格填写注意事项】

- 销售占比是指每个月占本年度多大的比例，这个比例需要你按照自己产品的特性来规划自己产品每个月的占比。
- 货单价是指：本月全部订单价格除以总销售额得到的货单价。
- 推广占比：本月的推广占全年度的多少比例。

表格链接：	表格二维码：
http://t.cn/R616HS1	

4.4.1 品牌策略

农村电商的品牌策略核心是品牌定位和品牌推广。品牌定位可以通过产品的定价、产品在同行业的产品档次、产品的消费人群来明确品牌的具体定位。

品牌推广可以分为店内推广和店外推广。

站内品牌推广最基础的可以在店铺内进行，比如有一家卖笔的网店，这家的普通钢笔在 100~300 元之间居多，但是其中有少数几款价格上万元的高端钢笔，如图 4-6 所示的礼品钢笔，售价在 26000 元一支。像这款上万元的钢笔实际上很难为店铺带来销量，但从品牌策略的角度看，上万元的高端钢笔却起到了塑造整个店铺的高端品牌形象的作用。

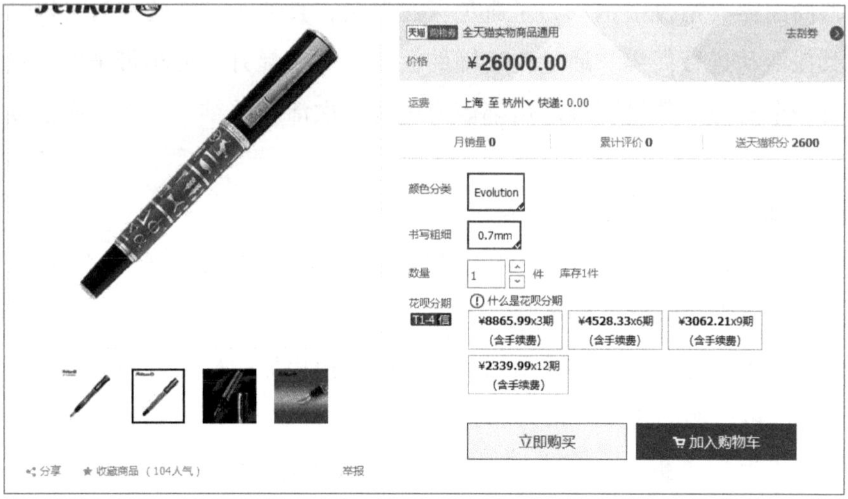

图4-6 礼品钢笔

淘宝网还可以利用直通车进行品牌推广，直通车推广的产品需要精心选款，这款产品要承担起吸引客户眼球，为店铺带来高流量和精准点击量的功能。选款需要考虑商品能承担的角色、款式的优势、活动方式、折扣率、主推词方向以及定价等方面，具体的选款方案可以参考如表 4-7 所示的直通车选款表。

表 4-7　直通车选款

序号	商品	角色	选款参考因素	活动	开始时间	平均折扣力度	主推词方向	预计定价
1	Hiruscar 喜辽复 修护凝胶 20g	主推	DKSH 自主品牌，销售灵活度高，潜在市场规模大（祛疤）	买 20g 送 5g	2017-03-01	75%	除疤、剖腹产	180 元
2	Möllers 沐乐思 深海鱼油胶囊 80 粒	主推	市场接受度大，老牌进口热卖品类	第 1 瓶 199 元，第 2 瓶 117 元	2017-03-01	70%	DHA	199 元

淘宝直通车是按点击付费的效果营销工具，为卖家实现宝贝的精准推广，参加的商品需要精挑细选。为了避免资源浪费，直通车推广的同时可以结合店内的其他活动进行促销，通过全店铺的促销活动来提升直通车带来的流量转化率。每一个直通车款进行推广后都需要进行一次活动总结，为下一次活动提供经验。

【表格填写注意事项】

- 表格中的平均折扣力度无法自动算出，需要根据您的实际情况进行计算，计算完成之后填入表格中。
- 平均折扣力度计算方法：把每个月的折扣相加，相加之和除以总共几个月即可。例如 3 月折扣为 5 折、4 月折扣为 6 折、5 月折扣为 7 折，计算公式为：（5 折 +6 折 +7 折）÷3=6，那么您的平均折扣就是 6 折。

表格链接：	表格二维码：
http://t.cn/R6lbP6k	

4.4.2　产品策略

作为农村电商的运营人员需要考虑什么样的农产品适合在平台上销售；什么样的产品适合做爆款；什么样的产品适合做高利润款；店铺的产品应该如何布局，这些都是在制订产品策略时需要考虑的因素。

其中最重要的是推新品，每隔一段时间就需要更新一些有差异化的新产品，尽量在款式、口味上推出多样化的产品，满足客户的需求。农村可以根据产品本身具有的健康、手工、环保、季节性等产品特点进行有节奏的新品发布。从不同的方面来刺激消费者进行购买，在推新品之后，需要对新品的推广效果进行跟踪和记录，为后续筛选主推产品做好准备工作，具体可参考如表 4-8 所示的主推新品监控表。

表 4-8　主推新品监控表　　单位：元

日期	品类	货品名称	货号	上架时间	定价	售价	销售价区间	主要推广方式	推广费用	成交额
2017-04-01	家居	袜子	001	2017-04-01	5.99	2.99	2.99~3.99	店铺内部新品促销	0	299
2017-04-02	家居	袜子	001	2017-04-01	5.99	2.99	2.99~3.99	店铺内部新品促销	0	239.2
2017-04-03	家居	袜子	001	2017-04-01	5.99	2.99	2.99-3.99	店铺内部新品促销	0	224.25
2017-04-04	家居	袜子	001	2017-04-01	5.99	2.99	2.99~3.99	店铺内部新品促销	0	358.8
2017-04-05	家居	袜子	001	2017-04-01	5.99	2.99	2.99~3.99	店铺内部新品促销	0	242.19
2017-04-01	家居	袜子	002	2017-04-01	9.99	5.99	5.99~7.99	店铺内部新品促销	0	119.8
2017-04-02	家居	袜子	002	2017-04-01	9.99	5.99	5.99~7.99	店铺内部新品促销	0	179.7
2017-04-03	家居	袜子	002	2017-04-01	9.99	5.99	5.99~7.99	店铺内部新品促销	0	125.79
2017-04-04	家居	袜子	002	2017-04-01	9.99	5.99	5.99~7.99	店铺内部新品促销	0	185.69
2017-04-05	家居	袜子	002	2017-04-01	9.99	5.99	5.99~7.99	店铺内部新品促销	0	233.61

同时，在新品上市的过程中，通过对销量数字的追踪，可以发现一些问题和一些异常迹象。不过市场单纯看销量数字往往只能发现问题存在而无法给出解决问题的结论。结合这些数据，做出综合的分析才能找到根本的解决方案。

【表格填写注意事项】

- 表格需要注意的列是货号这一列，一般货号我们都看做是唯一的。所以表格按照货号这一列进行分组，你每填入一个货号将会自动生成一个分组。

- 主要的推广方式如果是需要付费的，那么需要在后方推广费用中具体记录推广费用。

表格链接：	表格二维码：
http://t.cn/R61iydn	

4.4.3 价格策略

在商品定价上最直观的就是参考同行大卖家的定价策略，电商平台上总体的定价策略可以归结在以下几个方面，供大家参考。

- 临界价格——顾客的视觉错误

临界价格就是在视觉上和感性认识上让人有第一错觉的那个价格，比如，以 100 元为界线，那么临界价格可以设置为 99.99 元或者是 99.9 元，这种临界价格最重要的作用是给买家一个视觉错误，这个商品并没有上百，也只不过是几十元而已。这个促销策略被超市、商场运用得泛滥，说明一定有其绝对优势。

- 阶梯价格——让顾客自动着急

阶梯价格就是商品的价格随着时间的推移出现阶梯式的变化。比如：新品上架第一天按五折销售，第二天 6 折，第三天 7 折，第四天 8 折，第五天 9 折，第六天原价销售。这样给顾客造成一种时间上的紧迫感，越早买越划算，减少买家的犹豫时间，促使他们冲动购物。

- 一刻千金——让顾客蜂拥而至

“一刻千金”的促销方案就是让买家在规定的时间内自由抢购商品，并以超低价进行销售。比如在你的店铺，每天早上 9 点到 9 点半拍下的宝贝，可以以 5 元的价格成交。这个促销看似大亏本，但是实际上这一举动给你带来了急剧的人气提升和很多的潜在客户，因为实际上 30 分钟的挑选时间是仓促的，30 分钟之后，客户还是会在你的淘宝店里逛的，既然来了总要买点什么，而且那些抢下 5 元特价的客户也可能因为觉得占到了大便宜而购买更多商品。这种用“一刻千金”来吸引顾客的注意，等顾客吸引过来之后，接下来就是让顾客自愿掏腰包了。

• 降价加打折——给顾客双重实惠

降价加打折实际上就是对一件商品既降价，又打折，双重实惠叠加。相比纯粹的打折或者是纯粹的降价，它多了一道弯，但是不要小看这道弯，对顾客的吸引力是巨大的。第一：对于顾客来说，一次性的打折方案和降价加打折比起来，顾客毫无疑问会认为后者更便宜。这种心理使得客户丧失原有的判断力，被促销所吸引。第二，对于店铺来说，提高了促销的机动性，提高了因促销而付出的代价。比如以 100 元商品为例，如果直接打 6 折，一件商品就会损失 40 元的利润。如果我们先把 100 元的商品降价 10 元，再打 8 折，那么一件商品损失的利润是 28 元，但是买家在感觉上还是后者比较爽。

• 错觉折扣——给顾客不一样的感觉

人们普遍认为打折的东西质量会差一些，而我们换一种叙述方式：注重强调商品的原价值，让买家觉得花了更少的钱，买到了更超值的商品，效果往往大有不同。

• 超值一元——舍小取大的促销策略

超值一元，就是在活动期间，顾客可以花一元钱买到平时几十甚至上百元的商品。或许很多人不明白一个问题：这种促销方案不是让店铺亏本很多吗？其实不然，从表面上看，这种一元钱的商品确实赚不到钱，但是通过这些商品，店铺吸引了很多的流量，而一个客户如果购买了一件一元商品，那他同时再购买店铺里其他商品的可能性是很大的，因为大家都不希望为一元商品支付一次邮费。而那些进到店铺里来却没有购买一元商品的买家，购买了你店铺里的其他商品的可能性也很大。

4.4.4　促销策略

网店的促销策略主要考虑信用管理和销售促进两个层面。

• 信用管理

信用评价是会员在淘宝网交易成功后，在评价有效期内（成交后 3 ~ 45 天），就该笔交易互相做评价的一种行为。信用评价不可修改。评价分为“好评”“中评”“差评”三类，每种评价对应一个信用积分，具体为：“好评”加一分，“中评”不加分，“差评”扣一分。

影响消费者购买决策的主要是网店的信用级别和买家对商品的信用评价。所以，商家要诚信经营，提升自己的信用度和信用级别；另一方面要把握好这个宣传机会，每次交易后，可以在评判留言栏留下相关的店铺信息。如“我们将在下周进行全场商品九折活动，欢迎再次光临”。这样一来，评判留言栏就成了一个促销信息的发布专区，合理地利用了网络资源。

- 销售促进

网店内部的销售促进手段以免邮费、打折、赠品为主，其余方式为辅。

赠品。赠品促销的关键在于赠品的选择上，一个得当的赠品，会对产品销售起到积极的促进作用，而选择不适合的赠品只能导致成本上升，利润减少，顾客不满意。

会员、积分。凡在网店购买过商品的顾客，都成为网店的会员。会员不仅可享受购物优惠，同时还可以累计积分，用积分免费兑换商品。此方式的优点是：可吸引买家再次来店购买，以及介绍新买家来店购买。不仅可以巩固老顾客，使其得到更多的优惠，还可以拓展发掘潜在买家。

红包。红包是淘宝网专用的一种促销道具，各位卖家可以根据各自店铺的不同情况灵活制定红包的赠送规则和使用规则。通过此种手段可增强店内的人气，由于红包有使用时限，因此可促进客户在短期内再次购买，有效提升网店销量。

积极参与淘宝网主办的各种促销活动。淘宝网不定期会在不同版块组织不同的活动，参与活动的卖家会得到更多的推荐机会，这也是提升店铺人气和促进销售的一个好方法。要想让更多的人关注到网店，店主就要经常到淘宝网的首页、支付宝页面、公告栏等关注淘宝举行的活动，并积极参与。

免邮费。网络购物中间环节的邮费问题一直是买家关注的焦点之一，这会影响到买家对于网购价格优惠的感知。当前邮费主要分为：邮局（包裹平邮）、物流快递、特快专递等，平邮的价格较低，但周期较长；物流快递价格适中、送货周期在 3 ～ 5 天；特快专递的价格昂贵。因此，快递公司是最被买家接受的。

店主可以根据买家所购买商品的数量来相应地减免邮费，让消费者从心理上觉得就像在家门口买东西一样，不用附加任何其他的费用。

打折。由于打折促销直接让利于消费者，让客户非常直接地感受到了实惠，因此是目前最常用的一种阶段性促销方式。可以不定期设置折扣活动，例如在重要的节日，如春节、情人节、母亲节、圣诞节等根据节日的主题，挑选合适的商品设置打折活动。

每次促销之前，都应该列出一张促销商品的表格。用这张表格列出所有参加促销的商品，特别要标明该商品是否包邮。这样你可以轻松统计参与促销活动的产品以及相关信息。促销活动开展后，运营人员需要对所有的促销活动信息进行跟进和效果分析，促销活动计划表可参考表 4-9 所示。

表 4-9　促销活动样例

品牌	产品	活动	产品图片示例	运费
Sato	Hakubi Drink	单盒优惠价：168 元，买一盒送 Sato 旅拖	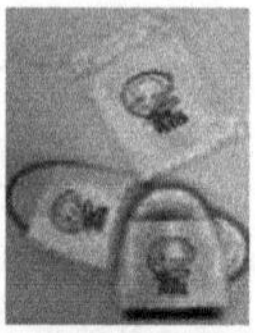	江浙沪 200 元包邮
Sato	Q10 Cream	优惠价 168 元 / 盒，购 3 盒送 Sato TSURUKO*2 盒		江浙沪 200 元包邮
Sato	TSURUKO	按原价买一送一（有效期：2014-10-16）		江浙沪 200 元包邮
Hiruscar	喜辽复	买一送一（赠送有效期 2013-9-11,20g）		包邮

【表格填写注意事项】

- 产品图片示例列类型为“图片”列类型，此种列类型可以直接上传图片。如果您发现图片无法上传，请先把图片大小控制在 15M 以下。
- 表格已经按照品牌列进行了分组，如果您添加新的品牌表格会自动生成一个组别。如果不想按照品牌分组，可以直接取消此列分组（如何取消按此列分组？你直接点击进本列上方的小三角图标，再点击一下按此列分组前的对勾，此时若没有对勾，则已经是取消状态）。
- 若不小心删除了某一列，直接把鼠标放在列标题旁，点击倒三角按钮，直接选择向左还是向右新增一列并输入丢失列的名称即可。

- 本表以“品牌”为分组依据，把同一个品牌下的商品列在一起。事实上，可以以任何一列作为分组依据。

表格链接：	表格二维码：
http://t.cn/R6Wp07c	

4.4.5 创新营销案例

【案例简介】浙江农村电商在创新营销方面较为成功的是一家经营羊毛围巾的商家，在营销手段上主要通过社交网络进行创新营销，结合多个社交平台进行推广，这是农村电商运营者中相对具有创新性的营销案例，以下对整个活动的策划和执行过程进行介绍。

- 活动前期的策划和准备工作

（1）目标群体定位

首先，针对自身羊毛围巾的目标消费群里进行定位：目标群体是年龄在18~26岁的年轻女性。具有一定消费能力、审美能力，对商品有更多质感上的要求，但不盲目追求大牌的人。这些人更多向往的是大牌背后的设计、质量，而不是品牌本身。

（2）产品和供应商的定位

对产品的要求：可以没有任何品牌标识，但必须有等同大品牌的质量。

对供应商的要求：必须和货物的源头形成直接关联，这样可以在商品上实现流程溯源，确保质量的同时，也可以做一些科普性的文案；需要对本次订单任何创意和资料进行保密，不得透露给外界。

供应商背景：拥有数十年外贸、代工历史的老牌工厂，为许多国际一二线品牌做过羊绒产品的代工，在品质、工艺、质检等质量环节都很严谨

（3）以人为本的定价策略

做粉丝、社群运营的一个好处在于，只要确保方向上的准确性，在具体商

品品类的选择上可以有更大的选择范围。因为做的生意是“人”的生意，关系的生意，信任的生意，专业的生意，而不是“货”的生意。

粉丝们自然也默契地知道店家要赚钱，但是同时也相信店家的品质和“合理利润”，一定是高性价比的商品。

- 营销活动执行

（1）商品选择和预热

厂家围巾的款式多达数千种，运营者会根据自己客户的眼光和调性，首先框选出十来款羊毛围巾发布在社交网络平台上，让粉丝对款式进行选择和评价。

在款式上，通过充分的预热、穿搭效果等“引导措施”，让客人知道，围巾作为一种配饰，更适合“花高价买基础款”，而不是花小钱追款式。因此，没有选择很“软妹子”的产品，而是选择相对素雅、大气、颜色也比较中和的基础款式，并配以合适的穿搭效果图。我们看一下团购号的中文版案例，如图 4-7 所示。

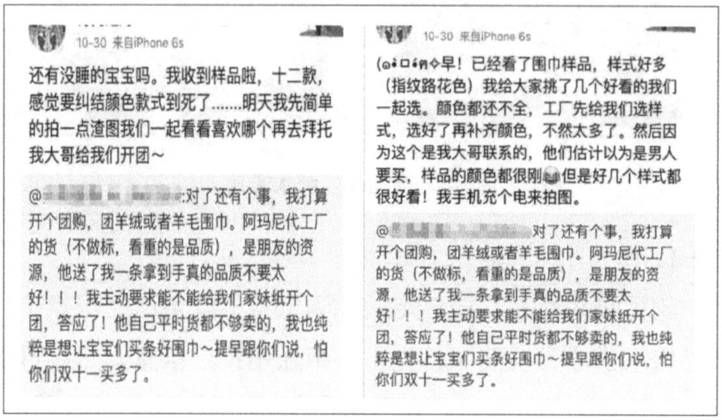

图4-7 商品的预热

（2）信息收集和定款

第一条信息发出去之后，两个平台上测试号粉丝的互动还是比较积极的。这条预热信息发出去后，三天就收集到了 1000 多条评论。

这里需要对这些评论进行整理，按照关键词总结出客户客户需求，比如对款式、颜色、质感、配搭方式等评论进行分类和数据分析。经过数据分析，最终还是要看哪些款式是需求最集中的，大家都会有好感的。社交网络平台上操作最终会选两到三款产品，要求每一次都要爆卖。

（3）文案的多版本策划

首先把核心版本的文案按照平台对字数和图片格式的要求进行分平台编辑。

然后文案内容分别翻译成不同的语种、标注发布时间等细节，分类标注好文件。图片也需要根据不同平台能接受图片的多少、格式、大小等因素，进行合理发布。这里我们来一个团购号的中文版的图文案例，如图 4-8 所示。

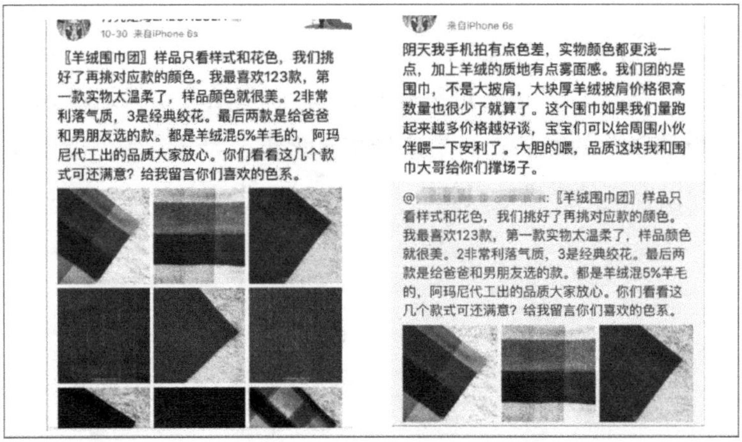

图4-8　商品的多版本策划

（4）多平台推广期

经过第一轮预热和商品款式选定后，测试号上其实已经积累了一批意向客户，对于产品需求也非常明朗。首先出一半通用推广信息，然后再根据网络平台的不同进行优化和调整，保证商品传播信息的一致性。

准备好的产品宣传文案和素材通过大号和自己注册的账号发布在社交网络平台，也需要给用户粉丝提供一个可以咨询的入口，方便粉丝可以向商家发起询问和留言。发布商品信息后，要不断关注评论和跟踪信息，及时给予回复和解答。

当时羊绒围巾推出后，在一个女性比较集中的社交网络媒体上，1 个小时就带来了 1800 多件订单。1 个月时间，几个社交网络平台总共为这款产品带来了 10 万多件订单。

（5）收集好活动推广的文案、数据，进行活动总结

从一次活动前期的策划到活动执行中的预热、互动、销售等多个环节中，我们需要对所有活动的素材和数据进行收集和整理。通过对活动素材、潜在客户资料、销售数据进行分析，不但能够总结出活动成功与否的原因，还能为下次的营销策划活动提供经验。

4.5 客户维护

4.5.1 客户服务

淘宝客服工作主要分为售前和售后。在顾客下单之前的接待客户询价、与客户沟通、了解客户的需求等都是售前服务，客户下单后的服务就称为售后服务。售前服务需要热情真诚的态度，介绍商品要客观准确，让客户对我们的商品有全面的认知。

售后服务除了对客户和订单的信息进行管理外，更多要处理的是客户退换货、退款、投诉等问题，关于售后订单的处理可以参考表 4-10 所示的售后问题件登记表。

表 4-10 售后问题件登记

日期	订单编号	旺旺号	支付宝账号	姓名	联系方式（手机号）	快递单号	产品明细	退款原因	产品金额	损失金额	责任人	状态
2017-03-30	2324448805512331	超级表格	chaojibiaoge@domypp.com	小超	15133603636	308884722408	卡西欧男士手表 简约休闲指针正品男士腕表皮带男表	快递破损	468	6	快递	已退款

【表格填写注意事项】

- 表格中的快递单号列类型为快递单号，输入正确的快递单号之后可以获取详细的快递路径，无需粘贴到别的地址进行查询。此列快递单号默认填写寄出的快递单号，如需记录客户退回的快递单号，请直接添加一列。

- 责任人是指此次事故谁来处理，发生此次问题如需有直接责任人，请在此填写。
- 处理人可以单加一列。状态是指目前该订单的状态，例如：处理中，已退款等。

表格链接：	表格二维码：
http://t.cn/R6W1KSa	

4.5.2 客户体验

为了给客户带来更好的购物体验，完善店铺的重要步骤就是知道自己存在哪些问题，我们可以通过这个自查表来实现。运营者可以自己制订一个网店体验的方案，通过体验细则的要求对照自身运营店铺的方式进行自查和评分，具体可参考表 4-11 所示的网店客户体验自查表。

表 4-11　店铺客户体验自查表

项目	序号	体验点	考核内容	评分	改进措施
店铺体验	1	商品品质	①优化货源：供货商优化、商品制造适合网络市场		
			②优化描述：商品展示类、实力展示类、吸引购买类、交易说明类、促销说明类		
			③提升口碑：评价口碑、超级买家秀		
	2	商品定价	①与实体价比较，吸引新买家购买		
			②差异化定价：价格敏感的热卖商品打特价，带动整店销售		
			③抵价券：通过抵价券吸引回头客		
			④有期限保价：对于容易降价的商品，做有期限保价，解除买家后顾之忧		
	3	网店易用	①商品目录清晰：通过多种分类方式，方便买家查找商品		
			②页面合理布局：布局清晰，赏心悦目		
			③装修精心设计：设计大气精美、引导购买		
	4	网店可信赖	①展示经营资质：将货源资质、店铺实力等在显著的位置展示出来		
			②店铺精心装修：网店装修体现客户至上，方便客户使用		
			③打造专业形象：符合行业审美，打造专业店铺形象		
	5	网店有魅力	①产品魅力：产品有独特之处，能够吸引回头客		
			②网店魅力：网店有足够魅力留住买家，吸引购买		
			③店主魅力：张扬店主个性，培养粉丝买家		

续表

项目	序号	体验点	考核内容	评分	改进措施
流程体验	6	购买流程	①客服熟练操作：客服上岗前争取对所有流程熟悉		
			②整理买家帮助帖：将负责流程制作成买家帮助帖，让买家参考		
			③记住老客户：将 VIP 客户加为旺旺好友，当 VIP 客户咨询时，热情对待		
	7	发货流程	①使用规范包装：衬托产品的高品质		
			②附带发货清单：降低出错率，降低买家反馈率，提升满意度		
			③包装牢固，使用专业纸箱、包装警示贴		
			④附带感谢函、售后提示卡、名片等		
			⑤防破损措施：打包时有足够的防破损措施，保证安全		
	8	送货流程	①监控配送状态：保证按期送货		
			②与快递合作改进服务：运输损坏主动提供换货服务		
			③延迟、损坏赔偿规定，提升客户满意度		
	9	售后流程	①制定问题处理标准：制定详细的售后问题处理规定，并在显著位置展示		
			②建设问题提交平台：外部问题提报网站，为客户提供方便的反馈平台		
			③推行首问负责制度：尽量由第一个接到客户问题的员工负责到底		
	10	客户关怀	①商品售后跟踪：通过钱掌柜向客户发送商品使用状况询问		
			②新品通知预告：向客户推荐新品，通过促销区、邮件等发送		
			③发送客户问候：节日、生日等重要日期，向客户发送问候		
			④给予客户荣誉：授予各种形式的 VIP 客户荣誉及享受服务的权利		
服务体验	11	及时性	①保证客服在线时间：一般为早 8 点到晚 2 点		
			②有效使用自动回复：回答不过来或暂时离开时的措施，可宣传新品、引导客户		
			③首问优先：优先回答第一次询问的客户		
			④ VIP 客户：让 VIP 客户感受格外的温暖		
	12	亲切礼貌	①掌握礼貌用语、亲切用语		
			②学会判断客户，准确使用礼貌用语或亲切用语		
	13	专业性	①售前：牢固掌握产品知识，熟练介绍产品		
			②售后：对产品有使用体验，能够指导客户使用维护		
			③ FAQ：整理常见问题问答，方便客服迅速上手		
	14	灵活性	①议价：灵活应对，将议价引导为赠品，会员卡等		
			②纠纷：商量双方都能接受的方案；引用官方规定拒绝对方		
	15	主动性	①推荐活动：将店内正在进行的活动做成快捷短语，主动推荐		
			②推荐搭配：为客户推荐相关商品搭配，提高客单价		
			③推荐优惠：为客户推荐更优惠的购买方式，提升客户满意度		
	15	诚信性	①推荐产品真诚以待：为客户设身处地地推荐适合的商品和购买方式		
			②售后处理信守承诺：售后服务时严格按照规定进行，信守所作的承诺		
	16	感恩意识	①交易过程的感恩：交易过程随时传达感恩的信息		
			②店庆节假日：祝贺、感恩客户等		

备注

考核方式：根据买家评论、样品审核及自己购买进行评分

分值：每项评分为 5 分制，5 分表示喜悦，4 分表示舒服，3 分表示一般，2 分表示差，1 分表示糟糕

【表格填写注意事项】

- 表格的自查内容基本上比较全面，如果您想自己添加一项，直接在下方的行中填写即可。
- 目前表格是按照项目这一列进行分组的（分组的意思是指同一列的相同字段会显示在一起），如不需这样分组，取消分组即可。评分可以按照自己的习惯进行填写。

表格链接：	表格二维码：
http://t.cn/R6W1YWX	

4.5.3 客户关系维护

客户关系的维护是需要寻找合适契机的，例如每次的店铺活动都可以通知老客户，活动是给客户的一种福利，联系老客户的同时也增强了客户黏性。为了更好地知道客户对我们店铺产品的偏好，我们可以把客户营销活动的参与和反馈情况进行记录，方便后续对客户资料进行数据分析和分类营销，具体参考表 4-12 所示的客户营销活动记录表。

表 4-12 客户营销活动记录表

客户淘宝账号	客户状态	满足条件	目的	方式	发送量	投入费用（元）	备注
小超	休眠客户	大于 45 天小于等于 90 天	唤醒	优惠券 + 新品	1	5	满减优惠券
小级	流失客户	180 天	激活	优惠券 + 促销	1	5	满减优惠券
小表	下单未付款客户	M=0	转化	优惠券 + 促销	1	5	满减优惠券
小格	新客户	F=1	二次转化	优惠券 + 促销	1	5	满减优惠券
小淘	老客户	F ≥ 2	品牌维护	优惠券 + 促销	1	5	满减优惠券
小宝	区域客户	购买区域	区域服务	优惠券 + 促销	1	5	满减优惠券

【表格填写注意事项】

- 满足条件这一列是指你可以对比此列给你的范例，你可以按照这个标准进行客户的筛选。看客户目前属于哪个类型，针对性地进行营销活动。

- 投入费用这一列是数字列，投资总和无需计算，在表格的下方会自动计算出数据。

表格链接：	表格二维码：
http://t.cn/R61GOwp	

4.6　财务管理

作为网店的运营管理者，需要知道电商项目的盈亏状况，要知道店里哪些产品和哪类订单是赚钱的，哪些订单是亏本的。网店的运营者需要对财务管理落实到具体时间节点和类别，清晰盈收细节，才能够将收益最大化，费用最小化。

网店的经营利润主要分为商品的采购成本、网店的基础费用、网店的引流成本和经营利润。

4.6.1　采购成本

在采购产品前需要我们做一个采购计划。采购计划包含此次采购的数量，物流费用（表中用运费表示），根据这些费用，算出此次采购的总费用。使用这张表格制订科学的采购计划不仅可以防止供应中断，影响产销活动。还可以避免采购产品过多，积压资金，占用堆积的空间，具体参考表 4-13 所示的采购计划（成本）表。

表 4-13　采购计划（成本）表

日期	采购编码（默认为商品编码）	商品名称	剩余数量	采购数量	成本单价（元）	运费（元）	合计（元）
2017-03-01	BQ530	小熊睡衣套装	10	5	35.2	6	358
2017-03-01	CD01	真丝睡衣套装（红色）	3	5	99	10	505
2017-03-01	CSD01	棉袜（纯黑色）	10	20	6.6	0	132

【表格填写注意事项】

- 采购编码列你可以和在淘宝端填写的商品编码保持一致，这样更有利于进行统计，如果本次是第一次采购该产品，可以遵循自己的编码规律，在这里填写新的商品编码。
- 剩余数量填写之后可以用于制订采购数量的参考。
- 表格的合计列已经设置好计算公式（采购数量 × 成本单价 + 运费），无需手动计算，此列请勿删除，删除之后无法恢复，需要重新下载进行填写。

表格链接：	表格二维码：
http://t.cn/R6WOruq	

4.6.2 网店基础成本

如果网店刚起步，规模还是比较小，那么可以用这张表格统计出每月网店的基础成本，和之前的各种成本表不同的是，小规模的网店可能还不存在仓储成本等费用，所以这种表格适合于刚开始做网店的运营者，配合商品成本表，记录简单的账务，网店基础成本可参考表 4-14 所示。

表 4-14 网店基础成本表 单元：元

日期	产品成本	店铺押金（保证金等）	店铺装修费用	推广费用直通车	淘宝客费用	运营杂费	快递费用	人员工资	其他	合计
2017-03-01	840	1000	200	0	0	0	0	300	4000	6340
2017-04-01	1680	0	0	100	10	0	120	300	4000	6210

【表格填写注意事项】

这里的产品成本是指总成本。例如有 10 种产品，每种产采购了 10 件，那么你需要把采购的总金额写入这一列。如果产品是自己生产的，那么需要按照市场价计算出产品的成本。

推广费用直通车和淘宝客费用是前期小店铺可能会参加的活动，只要把对应金额填入就可以了。

删除其中某一列不影响对于最后合计列的计算，但是合计列由于是计算列，删除之后无法恢复，需要重新下载模板。

表格链接：	表格二维码：
http://t.cn/R6Wl2zR	

4.6.3　支付宝退款

每日售后问题可能涉及补偿客户优惠券，操作支付宝退款等问题。支付宝每日退款明细用于详细记录每天退款的情况。超级表格是在线的数据处理软件，所有数据填写在同一表格中自动汇总，所以客服之间退款问题的交接可以用这一张表格搞定。支付宝每日退款明细管理可以参考表 4-15 所示。

表 4-15　支付宝每日退款明细

登记日期（年月日）	订单号 / ID	店铺	退款类别	退款明细	退回金额（元）	手机号	支付宝账号 / 银行	收款人名字	状态	相关人员	出错原因	备注
2017-03-30	123456789123456	移动合作充值店铺	货款		99.79	15133606766	chaojibiaoge@domypp.com	小超	已退款	无	移动系统问题	客户充值之后未到账，已经完成退款

【表格填写注意事项】

- 支付宝每日退款明细表中退款明细的列类型是图片类型，此列最好上传退款交易的截图。后面的备注可以完善截图中不能体现的问题。
- 状态这一列用于填写问题单目前处理的进度，此列主要可用于客服交接时重点关注的信息。

表格链接：	表格二维码：
http://t.cn/R6lUSzy	

4.6.4 网店引流成本

网店引流成本表可以统计出付费流量的成本。合理的出价对于付费流量至关重要，每一次出价计算出的平均成本，也可以看到店铺适合什么样的付费引流活动。网店的流量对于一个网店来说至关重要。网店引流成本管理可以参考表 4-16 所示。

表 4-16 网店引流成本表

日期	钻展费用			直通车费用			淘宝客费用			合计费用（元）
	钻石展位流量	钻石展位费用（元）	单个流量费用（元）	直通车流量	直通车费用（元）	单个流量费用（元）	淘宝客流量	淘宝客费用（元）	单个流量费用（元）	
2017-03-01	300	1000	3.33	10000	500	1.15	20	5	0.25	1505

【表格填写注意事项】

- 表格中共计三列单个流量费用列以及一个合计列，这四列都为计算公式列，不能进行删除，删除之后无法恢复需要重新下载表格进行使用。
- 列无特殊说明，按照上面的填写说明进行填写即可。

表格链接：	表格二维码：
http://t.cn/R6WlftJ	

4.6.5 店铺经营利润

利润表可以反映企业生产经营活动的成果，即净利润的实现情况。通过利润表可以分析利润增减变化的原因，便于规划企业未来的发展趋势，为编制下期的利润预算、改进经营管理提供科学的依据。店铺经营利润管理可参考表 4-17 所示。

表 4-17　店铺经营利润表　　单位：元

日期	总收入	退款	净收入	货品成本	退货成本	总成本	毛利	运费	包装物	营销费用	税点	支付宝费用	费用合计	销售利润	净利润
2017-04-02	1705	358.00	1347	400	117.00	520	827	50	50	50	50	50	250	1655	757

【表格填写注意事项】

- 表格的计算公式列较多，建议看好每个计算列的计算公式构成。如果需要新增或者删除一列，务必记得在计算公式列添加对应的数据。

表格链接：	表格二维码：
http://t.cn/R61aPe4	

4.6.6　项目成本

项目整体财务管理，除了网店的运营，还考虑到办公等其他成本，最后要对整个项目运营的财务状况进行评估。

清晰地了解每个月的支出情况，才能更好地控制成本。每一笔支出详细地记录，需要我们把每个部门的每一项支出都填写在表格上，这样更有助于我们清楚地知道钱花到哪里去了，哪里的支出是不必要的。不打无准备之战，知道了每月的支出情况，我们才能知道本月挣多少钱，才可以保证收支平衡。这张表格可以详细地记录你每月的每一笔费用支出，确保每一笔钱的支出是合理的。可以参考表 4-18 所示每月支出成本统计表。

表 4-18　每月支出成本　　单位：元

项目名称	市场部	采购部	行政部	财务部	合计
房租及物业费（含水电等）			2000		2000
人员工资	5000	3500	3000	3800	15300

续表

项目名称	市场部	采购部	行政部	财务部	合计
固定资产		500			500
办公用品		200			200
培训费					
人员招聘费			500		500
车辆费用（油、保养、保险）	1000		200		1200
办公设施保养及维护			300		300
差旅费	2000	500			2500
市内交通费			100		100
通信费	500				500
业务招待费	800				800
宣传推广费	500		300		800
产品采购		10000			10000
其他			200		200

【表格填写注意事项】

- 项目列用于填写具体的支出费用，属于哪个部门的支出直接把金额填写在部门对应的单元格中即可。
- 需要注意的是如果新增一列，需要把新增这列的列类型更改为数字（如何更改列类型？点击列名称上方的设置列类型，选择数字即可）的同时要在最后方的合计列同样点开设置列类型，把新增加列加入到计算公式中，这样计算公式算出的合计金额才是增加一列之后的费用总和。

表格链接：	表格二维码：
http://t.cn/R6W00UR	

由于超过收入的支出在资金和物资上是没有保证的，而且往往会带来诸多不利影响，所以，为了稳妥起见，人们往往习惯上把收大于支，略有结余的情况称之为收支平衡。收支项目表可以清晰地展现公司目前的财务状况。项目的收支情况可参考 4-19 所示收支项目报表。

表 4-19

收入				支出			
编号	项目	日期	金额（元）	编号	项目	日期	金额（元）
1	销售	2017-03-01	125550	1	购买材料	2017-03-01	25000
2	销售	2017-03-02	134500	2	出差费用	2017-03-10	10000

【表格填写注意事项】

- 收入金额和支出金额属于数字类型，总金额在下方自动合计，无需手动计算出。

表格链接：	表格二维码：
http://t.cn/R61tZbo	

5

农村电商创业平台选择与运营基础

5.1 农村电商创业平台介绍

5.2 淘宝店铺基本介绍

5.3 淘宝店铺开店流程

5.4 店铺软硬件准备

5.5 简易图片拍摄和处理

5.6 宝贝发布及管理

5.7 简易店铺装修技巧

5.8 单品运营逻辑和基本引流技巧

5.9 店铺活动资源和推广工具

5.10 农产品的商品化和网货化

5.11 老客户维护与营销管理

5.12 微商基础介绍及推广技巧

随着移动互联网的飞速发展以及互联网基础设施的日益普及和延伸，在某种程度上缩短了城市与农村之间的距离，农产品上行在形式、内容、方法上也有了更多的选择和创新，农村电商在创业平台的种类上有了更多的选择，在创业形式上可以进行更多的创新：内容营销、自媒体、网红、直播……只要有网络、有 Wi-Fi 就可以连接世界。本章将重点介绍农村电商上行中，创业平台的介绍和选择，重点介绍淘宝网，并具体介绍如何在淘宝开店铺，如何进行实际的操作、推广和运营。

5.1 农村电商创业平台介绍

在农村电商创业平台的选择上，整体说来，根据创业平台的属性不同，大致可以分为 B2C、C2C 及其他平台三类。下面我们来分别介绍不同平台的特点和属性。

5.1.1 B2C平台介绍

B2C 简单来说就是企业与消费者之间的电子商务活动，其主体是企业，相比较而言，优点在于门槛较高，管理标准较高，质量比较有保障，因为有实际的公司主体作为经营人，消费者信任度更高，售后服务等也更有保障。缺点在于商品的多样性较差，单个店铺的品类较为单一，且很多情况下上新类目需要平台方审核，有时周期较长，或者直接不能多品类经营。对经营者来讲，投入较高，资金要求高。B2C 代表性的平台有天猫、京东、当当网、唯品会、1 号店等，如图 5-1 和图 5-2 所示。

目前国内主流的 B2C 平台是天猫和京东，创业者都可以选择在该平台入驻开店，天猫和京东两个平台相比较主要在规则、技术、定位等方面存在差异，如表 5-1 所示。

图5-1　天猫平台

图5-2　京东平台

表 5-1　天猫与京东的主要差异

平　　台	京　　东	天　　猫
规则差异	规则不成熟、借鉴天猫	运营规则成熟、居行业之首
技术差异	搜索、工具等多方技术力量薄弱	各方面技术支撑到位
优势差异	拥有自建物流基础设施	拥有海量数据和电商生态圈
定位差异	多数被定位成渠道补充	多数被定为成重点发力

5.1.2　C2C平台介绍

C2C 是消费者个人间的电子商务活动。优点在于用户群体广泛，能融合海量的商品，对于经营者来讲，入驻门槛低，创业成本低。当然 C2C 平台也有着比较多的缺点，比如管理难度大，平台中的商品质量也是良莠不齐。代表性的平台主要有淘宝网以及伴随着移动互联网的发展和社交营销、分享经济而来的微商等，如图 5-3 所示。淘宝网是国内最大的 C2C 平台，如图 5-4 所示，拥有商品种类多、流量集中等优势，特别适合农村电商的农产品上行，后面也会对淘宝平台的规则、入驻方式和营销实操方法进行重点介绍。

图5-3　微商

图5-4　淘宝网平台

微商也是C2C的一种形式，主要是借助社交软件，如微信朋友圈等，利用熟人进行相关的产品推荐和营销，与淘宝相比操作技术要求更低，成本也更低，适合基础较弱的创业者，更多是强调消费场景的重构和信任的获取。淘宝平台和微信平台的主要差异点，如表5-2所示。

表5-2　淘宝平台和微信平台的主要差异点

平　　台	淘　　宝	微　　信
属性	电商购物平台	移动社交平台
地位	国内体量最大的电商平台	国内用户最多的社交平台
优点	门槛低，消费场景明确	对操作者的技术要求低
缺点	竞争激烈，营销成本高	消费场景需要重新构建
适合人群	适合有一定基础的创业者	适合基础较弱的创业者
关键词	强调运营技巧	强调获取信任

5.1.3　其他平台介绍

其他平台主要有一些垂直领域的独立平台（如凡客诚品等网站，如图5-5所示）、通过微信公众号接入微商商城、独立的手机APP等，一般而言，不像淘宝平台或天猫平台，它们可以在其平台上独立开店。其优势很明显，就是可以脱离平台，有自主权，可以自己制定游戏规则，缺点在于推广成本高，在流量的获取上存在一定的难度。

图5-5　凡客独立平台

5.2　淘宝店铺基本介绍

淘宝网是阿里巴巴旗下的国内最大的 C2C 平台，也是相对适合农村电商创业的平台。淘宝网分 PC 端和手机端，PC 端页面可以输入网址 www.taobao.com 进入，如图 5-6 所示。手机端 APP 可以通过下载手机淘宝 APP 进行安装，界面如图 5-7 和图 5-8 所示。为了获取更好的客户购物体验，无论是 PC 端还是手机淘宝的首页都遵循千人千面的原则，即每个人进入淘宝看到的首页是不一样的，淘宝后台会根据消费者不同的搜索历史、消费喜好、年龄层次等推送特定的内容，让消费者能在他的首页找到更多自己想要的、自己关注的、自己有需求的产品，让消费者觉得淘宝网是为其量身定制的，从而提升消费者的购物体验。

图5-6　淘宝网首页

图5-7　手机淘宝首页1

图5-8　手机淘宝首页2

2016 年淘宝网对 PC 端首页又进行了一次改版，从这次的改版上来看，大的架构没有发生变化，只是改变了页面 UI 图标设计风格，首页第一屏的左侧列表全部更新，由以前的特色服务，变成了现在的主题市场，如图 5-9 所示。分门别类地罗列了淘宝网上的相关类目及分类，便于客户的搜索及进入自己感兴趣的类目，如图 5-10 所示。在新版淘宝首页上更多地突出特色板块，如中国质造、特色中国、淘宝汇吃、极有家等频道，更加凸显“万能的淘宝”的特点和特色。另外，由于网红、直播的兴起，无论是 PC 端还是手机端都嵌入了淘宝直播的栏目。

图5-9　主题市场

图5-10　淘宝特色频道

移动互联网的飞速发展使得消费者的购物习惯发生了变化，目前消费者更多的是使用移动端，2016 年“双 11”销售额 1207 亿元中，移动端占比达到 81.87%，也足以看出更多的客户习惯用手机或移动端设备进行购物，故而手机淘宝 APP 的重要性可见一斑。面对互联网产品的变化和用户的不断成长，淘宝在经历了移动互联网爆炸式的发展后，2017 年又对手淘进行了改版和升级，如图 5-11 所示。升级改版后的全新手淘客户端，期望向用户传达新的品牌理念，配合更流行的观感和更友好的体验赋予淘宝更年轻的品牌精神，是手淘首次以设计为主导的版本升级。

图5-11　2017手淘升级

2017 年，手机淘宝将重点放在做内容化和社区化，现在每个月有近 4 亿名的用户使用手机淘宝，用户量巨大，淘宝应该是一个消费型媒体。2015 年，推出了淘宝头条，做了社区，升级了微淘，可以让商家、媒体和达人在上面创作更多的内容。对在淘宝平台开店的商家来讲，要与时俱进，转变运营的思路和观点，要把思路从原先的流量运营转化为内容运营和用户运营。产生更多的内容，并基于内容与消费者产生互动，维护好粉丝，可以借助微淘、微博、微信等工具，与淘宝达人建立合作，生成好的内容，借助淘宝直播，与消费者产生更好的互动。

阿里巴巴在创立之初就提出“让天下没有难做的生意”的口号。对很多新手卖家而言，灵活运用好淘宝网中的培训和帮助功能，能让新手卖家迅速成长起来，获取帮助的途径主要如下：

在淘宝网首页的页尾处，点击“新手上路”栏目中的“新手专区”选项，就可以快捷地进入新手学堂界面，如图 5-12 所示。

图5-12　新手专区

新手专区是淘宝网针对新手买家和新手卖家制作的交互式帮助动画。可以模拟买家注册和卖家开店的流程步骤。想成为一个入门级的卖家，点击“免费开店”选项,即可以根据提示一步一步模拟开店经营的基本步骤,如图 5-13 所示。

图5-13　申请开店页面

点击淘宝首页底部的“24 小时在线帮助”选项即可进入淘宝网帮助中心，如图 5-14 所示。

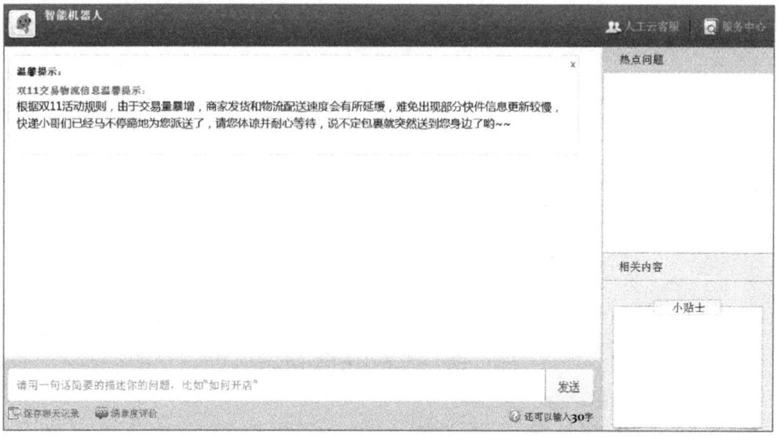

图5-14　使用帮助

在帮助中心，可以借助智能机器人进行一些简单问题的咨询，如果是复杂的问题或者智能机器人不能回答好的问题，可以点击右上角的“人工云客服”进行人工咨询。点击右上角的“服务中心”选项，会进入服务中心页面，服务中心分为消费者服务中心和商家服务中心，根据客户不同的角色可以进入相应的页面，进行相关问题的咨询，如图 5-15 所示。

图5-15　淘宝网服务中心

消费者服务中心由阿里小蜜进行相关账户、订单、支付等问题的解答，如图 5-16 所示。

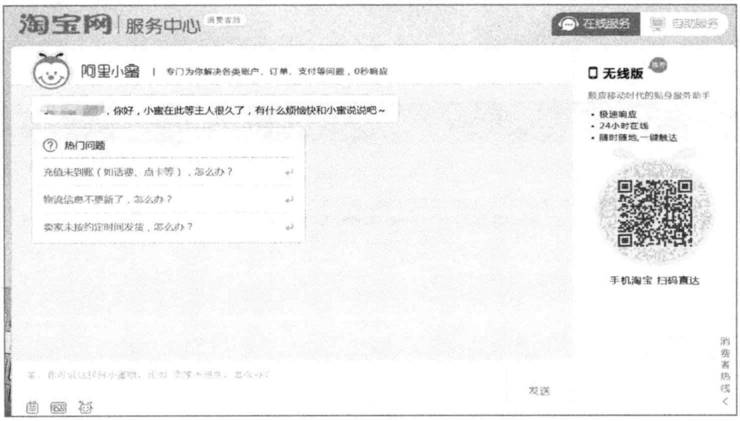

图5-16　消费者服务中心

商家服务中心针对卖家提供服务，有商家智能服务助理“阿里万象”“知识学习”“问商友”三个模块，为商家提供开店、规则、运营等相关的知识帮助和服务，如图 5-17 所示。

图5-17 商家服务中心

5.3 淘宝店铺开店流程

那么如何在淘宝平台上开店呢？概括起来，通过五步就可以完成开店流程，如图 5-18 所示。

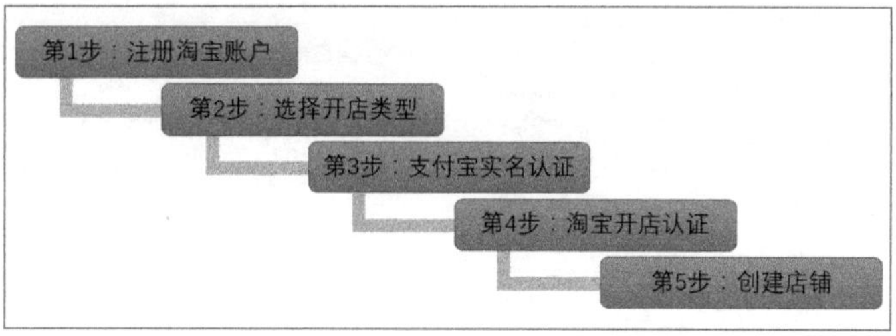

图5-18 淘宝店铺开店流程

5.3.1 注册淘宝账户

通过淘宝网首页点击“免费注册”选项，按操作步骤生成新的淘宝账户（如图 5-19 所示），这里需要注意的是淘宝账户户名一旦生成后无法修改，会直接对应为日后店铺的掌柜旺旺名，所以最好在生成之前想好具体的名字，如能对应店铺名或店铺销售的主题则最好。

图5-19　注册淘宝账户

5.3.2　选择开店类型

淘宝平台上有两种类型的店铺：个人店铺和企业店铺（如图 5-20 所示）。如果是个人店铺，选择“个人店铺”选项就可以，如果有公司主体，可以选择“企业店铺”选项。个人店铺后期可以升级为“企业店铺”。

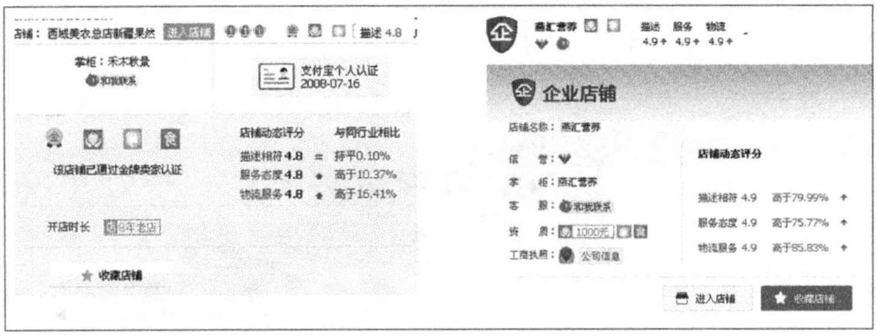

图5-20　个人店铺和企业店铺

5.3.3　支付宝实名认证

第 1 步：从淘宝网首页进入“卖家中心”—“店铺管理”页面，点击“我要开店”选项。未进行过支付宝实名认证的，请进行支付宝认证的操作，如图 5-21 所示。

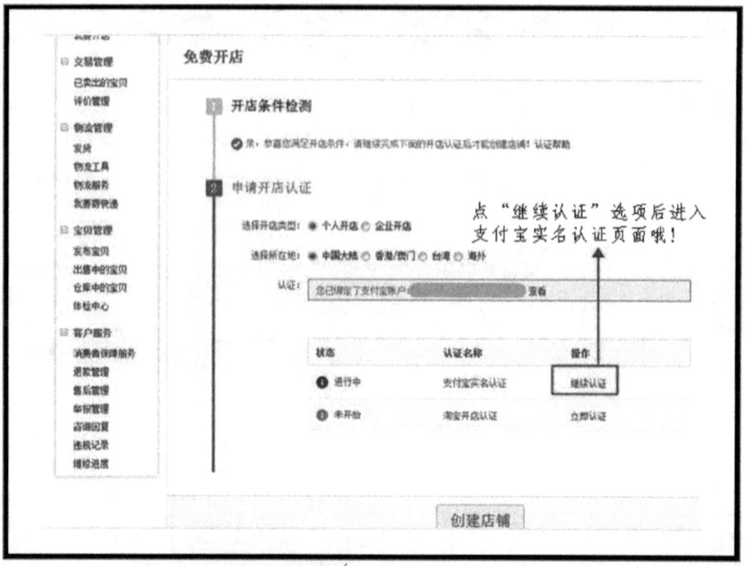

图5-21　开店

第 2 步：在支付宝实名认证的条件项，点击“继续认证”选项后会进入“支付宝实名认证”页面，按图 5-22 的提示，点击“立即认证”按钮。

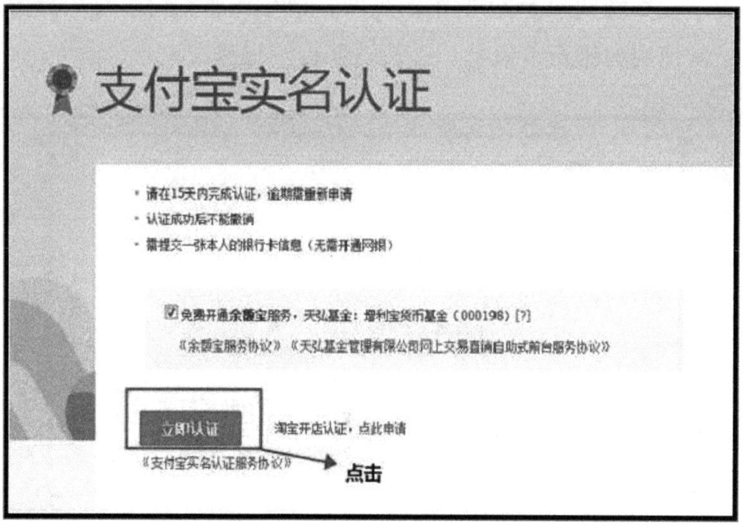

图5-22　实名认证

第 3 步：点击“立即认证”按钮后，请按照图 5-23 的提示，点击“下一步”按钮。

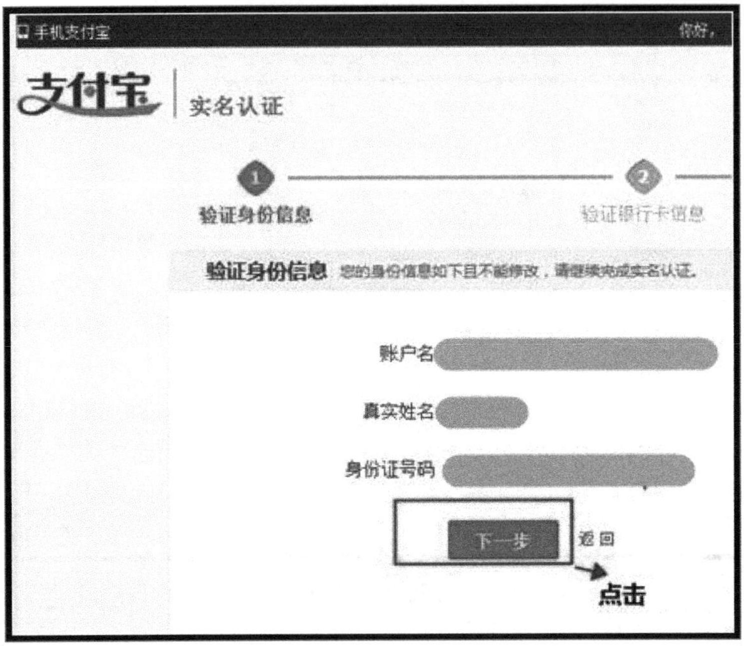

图5-23　进行认证

第 4 步：会看到如图 5-24 所示的页面，填写注册支付宝时用身份证号码开户的并可正常使用的银行卡信息，并按页面提示操作。

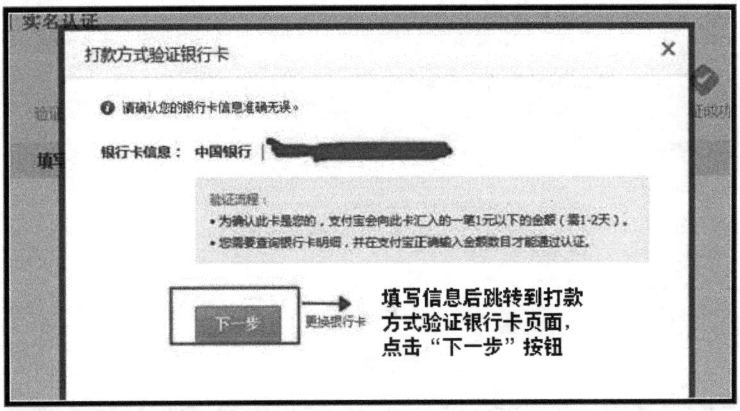

图5-24　验证银行卡

第 5 步：仔细阅读跳转页面上的信息，并在等待银行打款的过程中先返回淘宝开店页面，同步做淘宝开店认证，如图 5-25 所示。

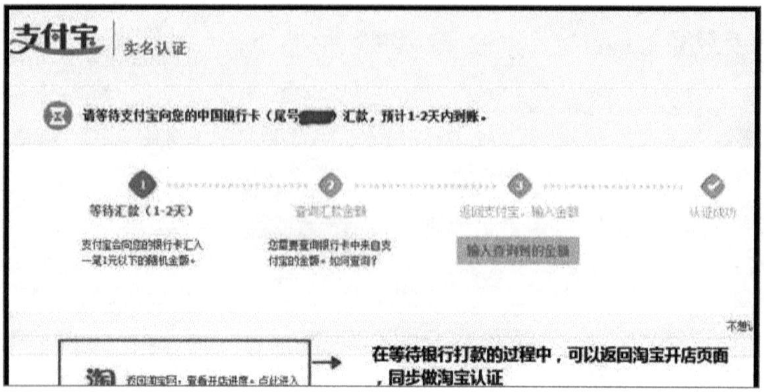

图5-25　淘宝开店认证

第 6 步：进行中的支付宝实名认证如需继续完成的，请在支付宝向银行卡打款的 1~2 天之后进入淘宝开店页面继续支付宝实名认证的操作，如图 5-26 所示。

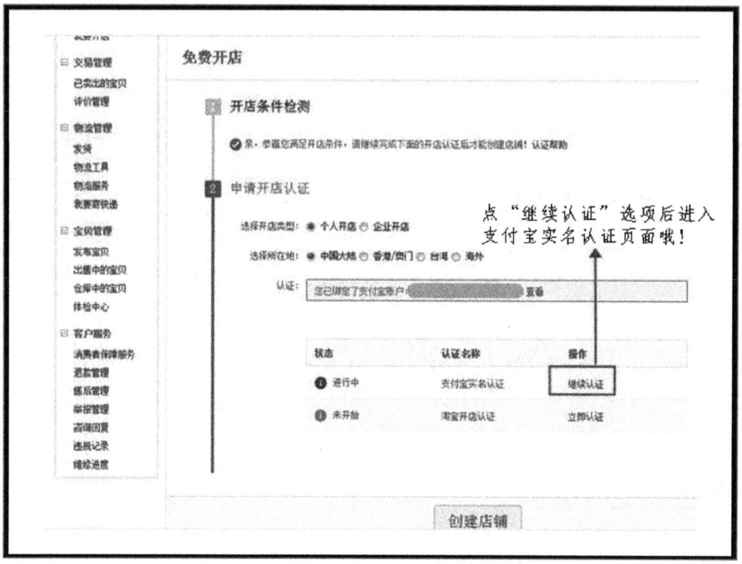

图5-26　继续实名认证

第 7 步：点击“继续认证”选项后，进入支付宝银行卡打款信息页面，请将银行卡中查询到的支付宝打款金额记住，并按提示操作，如图 5-27 所示。

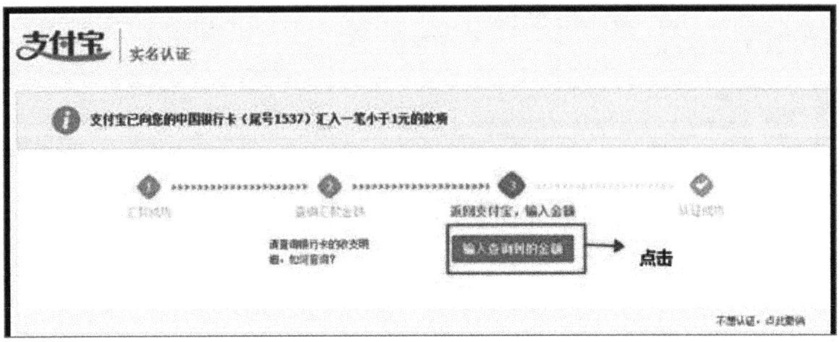

图5-27

第 8 步：点击“输入查询到的金额”按钮后，进入实际输入金额页面，将金额输入后，点击“确定”按钮，如图 5-28 所示。

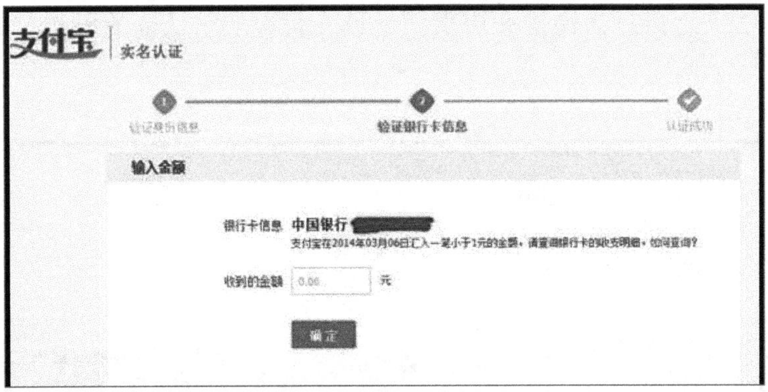

图5-28　确认输入的金额

第 9 步：输入正确金额后，系统确认完成，支付宝实名认证即也完成，请关掉页面后，继续返回淘宝卖家中心免费开店页面，如图 5-29 所示。

5.3.4　淘宝开店认证

可以用电脑认证、手机淘宝客户端认证和阿里钱盾认证三种方式，以下以电脑认证为例进行介绍。

第 1 步：当完成支付宝实名认证操作之后，返回“免费开店”页面，可以进行“淘宝开店认证”的操作，如图 5-30 所示。

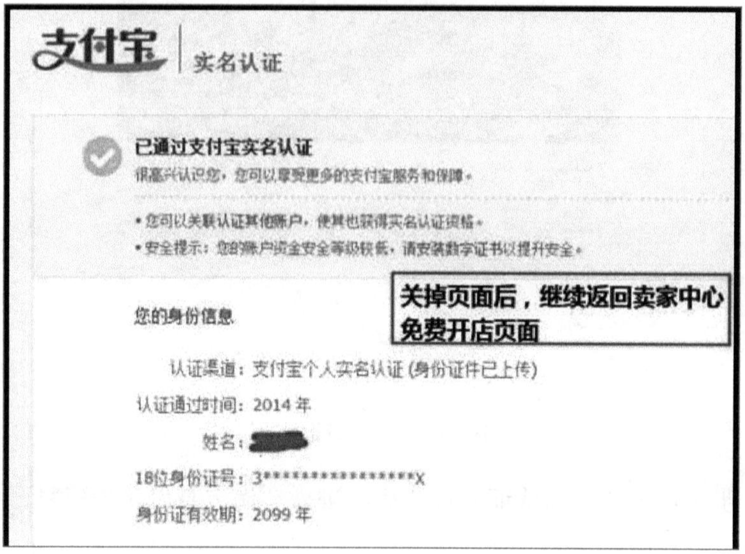

图5-29　实名认证完成

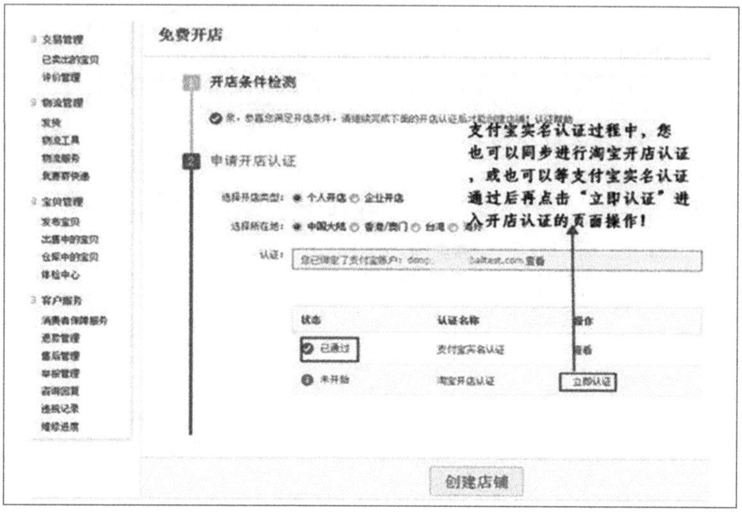

图5-30　开店认证

第 2 步：点击“立即认证”选项后，会进入“淘宝网身份认证”的页面，点击该页面中的“立即认证”按钮，如图 5-31 所示。

图5-31　开始身份认证

第 3 步：点击“立即认证”按钮后，进入“淘宝身份认证资料”页面，根据页面提示进行操作(系统会根据你的网络安全设置做出推荐),如图 5-32 所示。

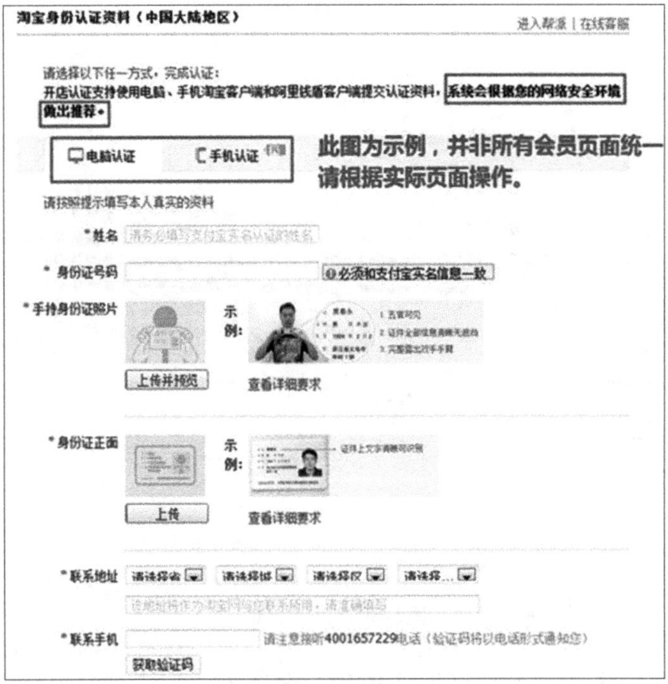

图5-32　进行身份认证

资料审核时间为 48 小时，提交后页面如图 5-33 所示。

图5-33　认证审核

5.3.5　创建店铺

第 1 步：当账户的支付宝实名认证与淘宝开店认证均审核通过后，进入淘宝开店页面，点击“免费开店”按钮，进行创建店铺的操作，如图 5-34 所示。

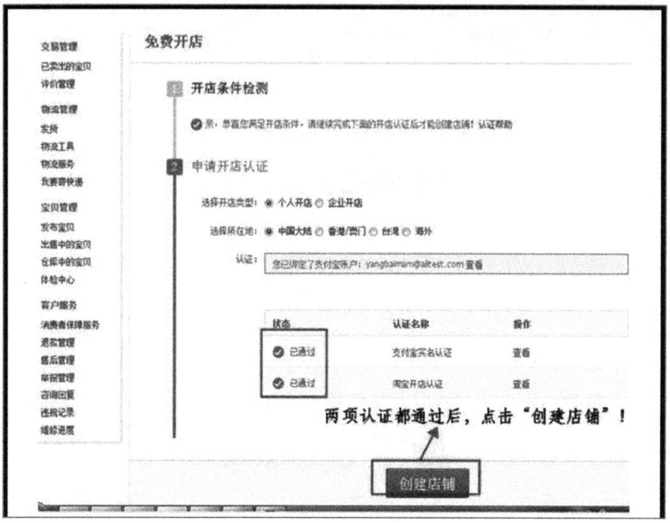

图5-34　开始创建店铺

第 2 步：点击“创建店铺”按钮后，按以下页面提示进行操作，如图 5-35 所示。

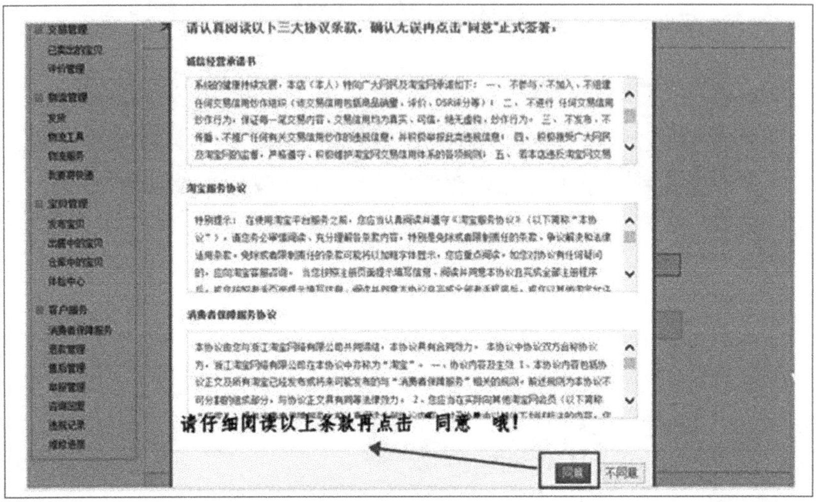

图5-35　店铺创建中

第 3 步：点击“同意”按钮后店铺就创建成功了，店铺创建成功后可以继续完善店铺的其他信息，如图 5-36 所示。

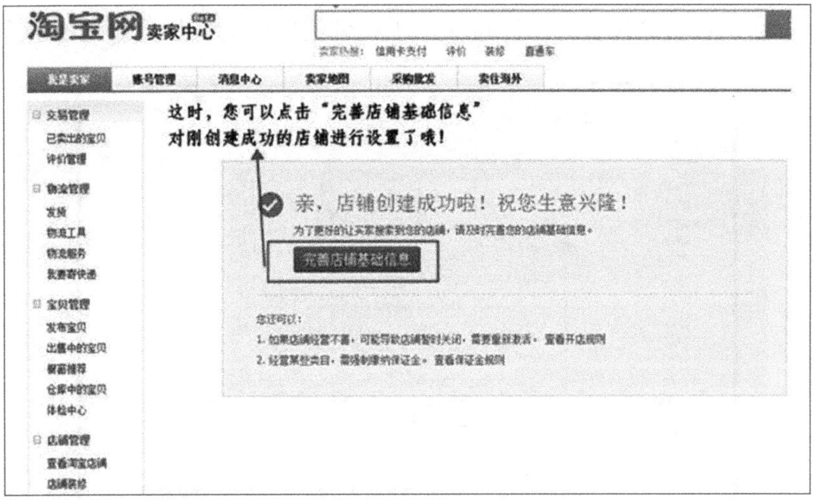

图5-36　完善店铺信息

5.4 店铺软硬件准备

店铺创建成功后，就要开始着手进行店铺的实际运营了，首先要在店铺的软硬件设施上进行相应的准备。

在软件方面，要对已生成的账户和密码进行妥善保存，防止账户信息泄露，另外对店铺中需要上架的产品进行相关图文的设计，包括产品图片拍摄、图片修理、文案详情策划、PC 端 / 手机端首页装修、详情装修设计等。可以通过店铺后台（https://fuwu.taobao.com）服务市场订购店铺需要用到的应用软件，比如折扣软件、客户管理软件、快递打印软件等，有些是免费的，有些是收费的，可以根据自己的实际情况选择订购。

在硬件方面，需要准备场地，可以根据自身条件选择住所办公或入驻电子商务产业园区。根据前期的人员数量配备电脑，开通网络。准备相机，最好是单反相机，准备简易的摄影棚，可以对一些简单的产品进行拍摄。购置打印机，现在快递面单打印很多都是采用热敏单，可以和快递公司协商，由快递公司免费提供快递热敏打印机，在前期单量不是很大的情况下，快递公司可能暂时不给配备，就需要自行采购针式打印机打印纸质面单。另外要准备一些包装辅材，包括纸箱、胶带、包材等，前期可以考虑直接在阿里巴巴网站或淘宝网采购，后期可以考虑根据店铺的需求进行定制，凸显店铺及品牌信息。

除了软件和硬件之外，货源、资金、营业资质等都比较重要，要寻找性价比高的产品，准备好创业的启动资金，另外现在国家针对电子商务也出台了许多相应的政策，需要多多了解和学习，比如出售除初级农产品以外的食品类的店铺必须要有食品流通许可证，故在店铺宝贝上架之前也要准备好相应的资质材料，以确保店铺正常运营。最后，心态也非常重要，目前国家政府对大众创业、万众创新有许多政策上的扶持，这对创业者来讲是利好，但进行个人创业也不是只要一开店铺就马上有流量，马上就会有订单，在非常短的时间内就发家致富。创业者在心态上要调整好，要注意脚踏实地，循序渐进，一步一步地推进，要有持久作战的心理准备和抗压能力。

5.5 简易图片拍摄和处理

简单的图片可以自行拍摄，拍摄的方式一般有两种，一种是放在简易摄影棚中进行拍摄，一种是拍摄实际的田间农产品。前者适合后期用 Photoshop 等软件修成白底图，后者通过拍摄真实的农产品场景，可直接使用。一般在图片拍摄后，可以用图片处理软件进行抠图、调光等基础的操作，主图一般做成 800×800 像素，对于详情图，淘宝 C 店一般要求宽度为 750 像素，天猫店要求宽度为 790 像素，并且为了方便加载，应对长的详情页进行切割，以便于详情页面的快速加载。

在拍摄田间农产品的时候，可以采用不同的展现方式，比如直接拍摄农产品在田间生长的照片，拍摄农场主手拿农产品的照片，拍摄农产品做成熟食的照片，拍摄采摘后的农产品放置于田间的照片。可以多进行创新制作，并进行多方位的尝试，根据转化情况最后选择最佳的拍摄方案。

如图 5-37 所示是简易摄影棚，淘宝上售卖的有很多，较为便宜，也较为实用。

如图 5-38 所示为经过抠图处理的白底农产品主图，图 5-39 和图 5-40 是呈现了几种带场景的农产品图片。两种方式得到的产品照片都可以拿来直接当产品的主图，或在产品照片上进行营销点描述后再作为主图使用。

图5-37　简易摄影棚

图5-38　白底农产品照片

图5-39　带营销描述的主图

图5-40　带场景的农产品照片

5.6　宝贝发布及管理

在店铺发布宝贝之前，我们首先要了解淘宝的搜索引擎的原理。淘宝平台上有成千上万种产品，平台会根据产品的不同特性设置不同的产品类目，淘宝平台从某种意义上来讲就是一个大的搜索引擎，会根据客户不同的浏览习惯和购物喜好，给客户推荐想要的产品，提高客户搜索购物的体验。当客户通过淘宝搜索条进行搜索时，平台会根据一系列的规则，对符合客户搜索需求的产品进行排序，将性价比高的产品推荐给客户。所以我们开淘宝店铺，在发布宝贝的时候，必须要根据产品的属性，将宝贝发布到最优目录下，以获取尽可能多的流量和展示机会。否则，如果发布的类目不对，或者不是最优类目，那么即便宝贝的页面制作很精美，产品的性价比很高，也不能被搜索引擎优先推荐给客户。

我们通过一个具体的例子来介绍何为最优类目。

进入店铺后台，在宝贝管理中点击“发布宝贝”选项，如图 5-41 所示。

假设我们要发布的产品是大米，我们可以搜索宝贝需要发布的类目，如图 5-42 所示。我们会发现大米可以匹配到 9 个不同的类目，也就是说在这 9 个类目中都可以发布大米这种产品，现在的关键问题就是，我们如何通过对产品的分析或一些技巧，将我们要发布的大米发布到最优类目中去，以保证在相同的条件下，尽可能多地获取流量。

图5-41 “发布宝贝”选项

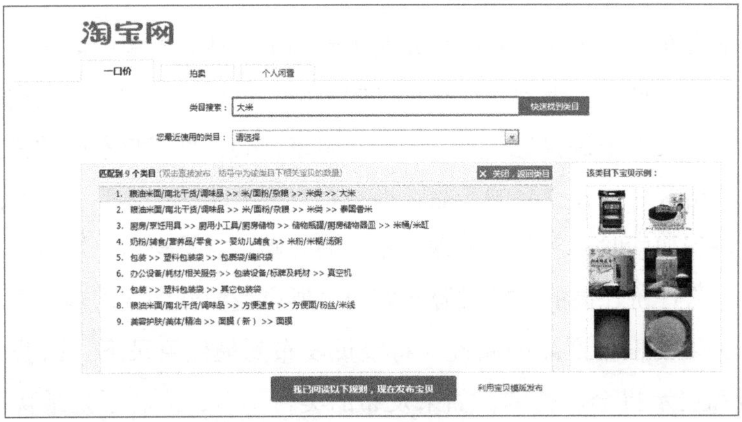

图5-42 搜索发布的类目

在确认最优类目时，有 4 种方法可以借鉴：

1. 根据自身宝贝的属性。像有些产品类目属性非常明确，可以直接根据宝贝自身的属性发布到相应的类目下。

2. 可以借鉴爆款所放的类目。爆款所放的类目一般来讲就是最优类目，可选取爆款产品的全部标题，在后台类目中进行搜索，第一条匹配到的类目即为最优类目，如图 5-43 所示。

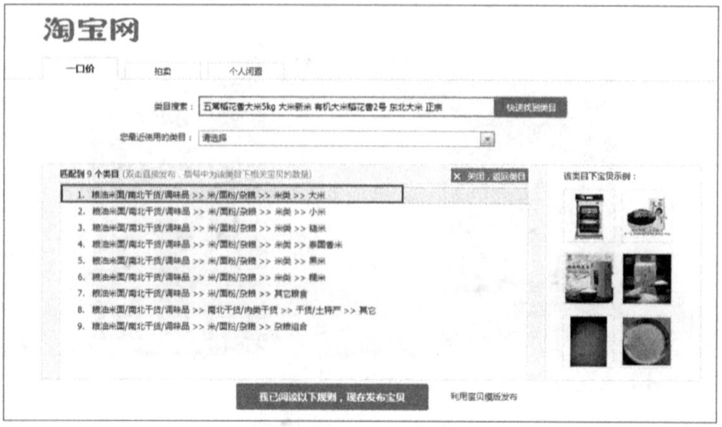

图5-43　借鉴爆款所放的类目

3．分级查看并确定爆款所在类目。在淘宝首页上进行搜索，找到与所要发布的宝贝类似的爆款产品，然后分级查看该宝贝所在的类目，以作为最优类目的参考，如图 5-44 所示。

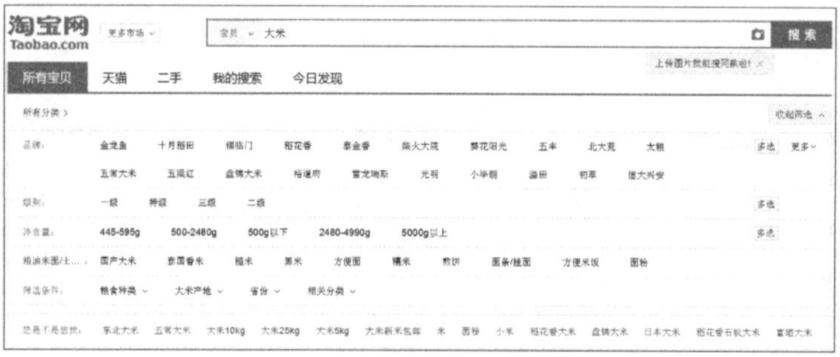

图5-44　分级查看类目

4．借助工具查看并确定爆款所在类目。有许多第三方辅助工具，如“看店宝”等能比较快速地找到相应宝贝所在的类目，可供查看参考，如图 5-45 所示。

以上 4 种方法相互结合，即可确定所发布宝贝所在的最优类目。将宝贝发布到对应的最优类目，是将宝贝成功推广出去的第一步，在确定好最优类目后，再将发布宝贝的其他各项填完，包括宝贝类型、宝贝标题、宝贝卖点、宝贝属性、宝贝主图、宝贝规格、详情描述、宝贝物流服务等，即可点击“发布”按钮，将宝贝成功发布，如图 5-46 所示。

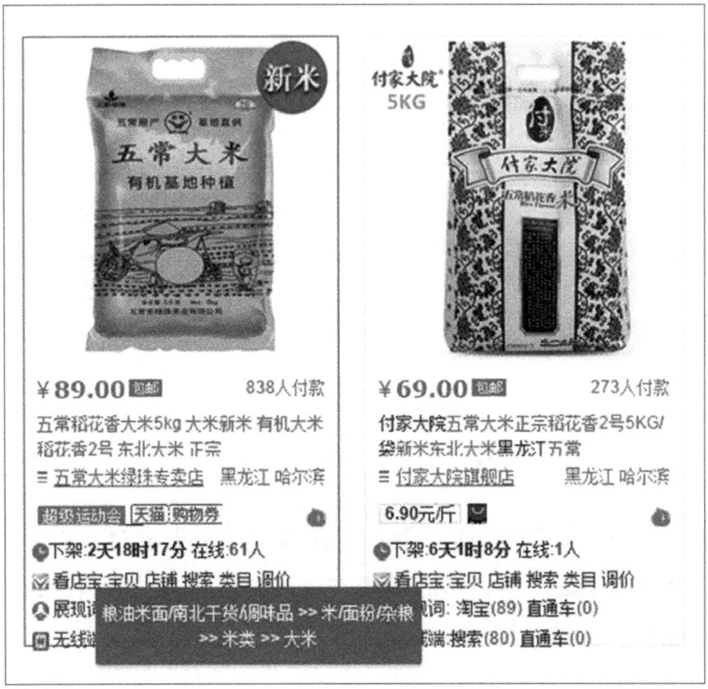

图5-45　看店宝

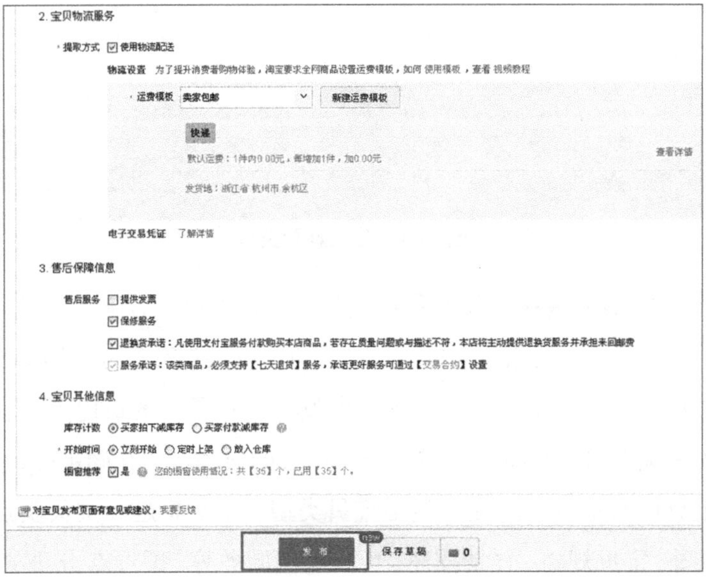

图5-46　完成发布

5.7　简易店铺装修技巧

店铺的装修很重要，好的店铺装修就如同一个人的衣着和外貌，能给人深刻的第一印象，如果一个人满脸污垢，衣装不整，给人的第一印象就会不好，反过来如果他衣装整洁，面部头发干净清爽，就会给别人带来好的第一印象。店铺也是一样的，美观大方的店铺装修和布局，能体现店铺的特质和提高店铺的转化率，加上合理的品类分布、导航导购，使商品得以合理呈现，能进一步提高客户的购物体验，也方便客户找到其心仪的产品，在让买家赏心悦目的同时，也让客户增加对商家的信任。

店铺首页分 PC 端和手机端，我们先来说说 PC 端首页的装修。PC 端首页基本上由店招、导航、轮播、楼层产品和页尾组成。进入店铺后台，点击店铺管理中的店铺装修，即可进入 PC 端店铺装修页面，如图 5-47 所示。

图5-47　PC端店铺装修页面

淘宝旺铺分专业版和智能版，小于 1 钻的淘宝店可以免费使用淘宝旺铺专业版，店铺上了 1 钻就需要购买淘宝旺铺专业版。淘宝旺铺智能版功能更全面、更强大，可以实现淘宝 PC 端首页的千人千面。

一般进行 PC 端首页的装修有 4 种常见的方法：

1．购买设计师提供的模块，然后把模板应用到店铺中进行相应的编辑替换即可。

2．利用淘宝旺铺的模块，拖曳到右侧进行编辑和装修。

3．先把整张首页图设计完成，然后利用 Dreamweaver 加热点的方式进行装修。

4．利用第三方工具，如疯狂美工等，进行店铺自由布局和装修，可以比较简单地实现很多特效，工具附带详细的使用说明和培训视频，疯狂美工装修工具如图 5-48 所示。

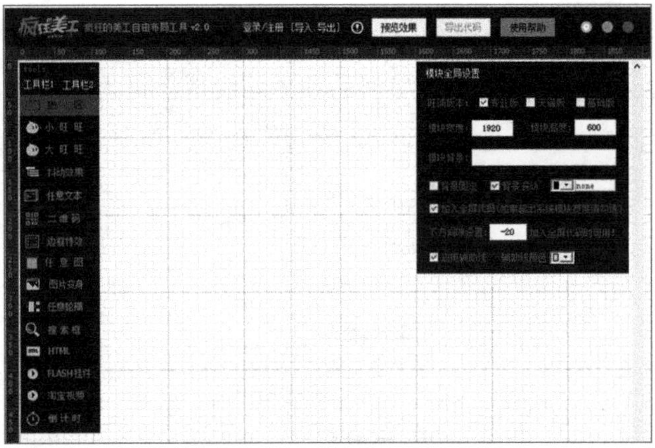

图5-48　疯狂美工装修工具

最后生成的 PC 端首页效果，如图 5-49 所示。

图5-49　PC端首页效果

我们再来看手机端装修，如图 5-50 所示，进入店铺后台，点击“店铺管理”—“手机淘宝店铺”选项，出现如图 5-51 的无线店铺页面，点击“立即装修”选项，即进入手机店铺装修页面。

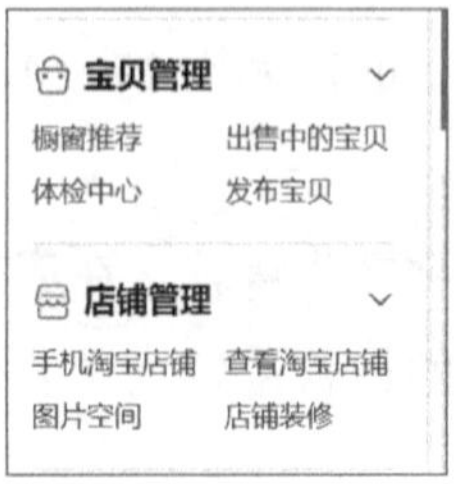

图5-50 店铺后台

图5-51 无线店铺页面

如图 5-51 所示，手机端装修与 PC 端装修一样，分为基础版和智能版，如果在 PC 端中购买了智能版，在手机端装修中智能版同样有效，并可以实现手机端首页的千人千面。

和 PC 端装修类似，在手机端装修中，同样有许多模块，如图 5-52 所示，将相应的模块拖曳到右侧即可进行手机端页面的装修，由于篇幅有限，具体操作细节不再赘述。最后装修生成的手机端首页效果如图 5-53 所示。

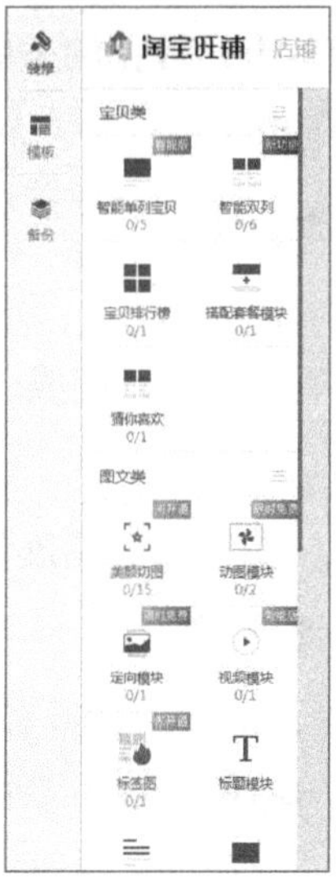

图5-52 装修模块

图5-53 手机端首页效果

5.8 单品运营逻辑和基本引流技巧

淘宝店铺中的宝贝有多个 SKU 组成，基本上一个产品单元我们称之为一个 SKU，在店铺实际运营的过程中，前期不用上架太多宝贝，因为店铺刚成立，承接流量的能力有限，店铺运营人员的精力也有限，前期大概 15~20 个宝贝就可以，当然也可以根据实际情况来调整。

我们将店铺中销量好，获取流量能力强的宝贝称之为爆款。在店铺的运营中，爆款非常重要，是店铺的生命线，一般在单品的运营逻辑上，我们会按以下的步骤来进行爆款的打造：

1. 首先分析整店的产品，并进行整体市场行情和竞品的分析，选出性价比高的，市场易于接受的产品作为主推款；

2. 进行产品的拍摄和照片的处理；

3. 主图的制作，主图是淘宝平台搜索页的展示窗口，主图要凸显产品的卖点和营销上的优势，尽量在色调和布局上与同类产品相区别，以便更容易脱颖而出；

4. 产品卖点的提炼，卖点不用太多，最主要的卖点提炼 1~2 个就可以，突出展现；

5. 详情的设计与制作，一个好的吸引人的详情是提升转化的关键；

6. 店内流量的注入与引导，在店铺的整体设计和布局上，尽可能多地把店内的流量导入到主推产品上，比如店招、首页轮播、详情关联处等，使得店内的流量能够聚集和引导到店铺中的主推产品上；

7. 设置好宝贝的标题，宝贝的标题最多可以写 60 个字符或 30 个汉字，要设置好宝贝的标题，尽可能覆盖热门搜索词；

8. 借助淘内的付费推广，进行引流，如直通车、淘宝客、钻展等；

9. 做好物流和服务细节，增加好评率，优化好评评语；

10. 参加淘内的官方活动，如聚划算、淘抢购等，进一步提升和引爆销量。

以上是一般的爆款打造的逻辑与思路，在具体的操作过程中，可以根据实际情况进行调整。整体是思路是打造 1~2 款主爆款，再打造 3~5 款次爆款，提升店铺爆款及次级爆款的数量，形成爆款上的持续性与延续性，进而促使店铺整体的良性循环及提升店铺的抗风险能力，提升店铺的销售额和动销率。

5.9　店铺活动资源和推广工具

店铺推广需要借助活动资源和推广工具，能够使店铺在短时间内汇聚流量，并提升转化率和销量。店铺活动资源来讲，一般我们会分成三类：店内活动、淘宝活动和淘外活动。

店内活动一般就是指店铺内部自己所做的促销，如限时折扣、优惠券红包或店铺主题活动等；淘宝活动是指淘内所推出的官方活动，淘宝平台每年基本上有 3 次大型的活动："双 11""双 12"和"年中促"；比较有名且推广转化效果较好的活动有聚划算、淘抢购、淘金币活动等，具体可以通过进入相应活动频道进行了解和报名。淘外活动主要指一些第三方平台的活动，如折 800 等，有些淘外第三方平台也聚集了许多流量和人气，活动推广效果也是非常不错的，经常是大卖家在大促时，流量和销量的很好补充。

图 5-54 是以上三类活动的汇总及说明，以供参考。

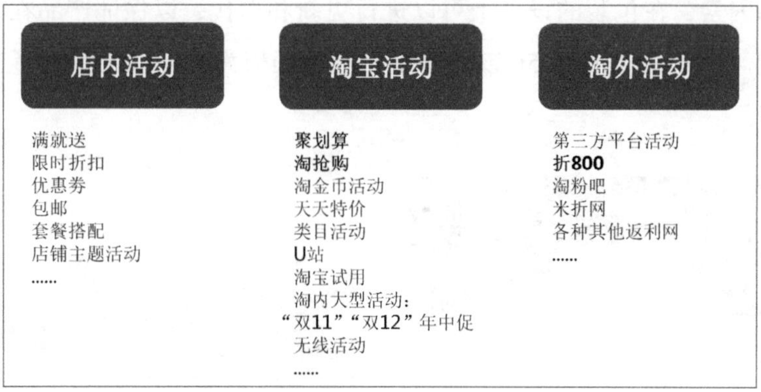

图5-54　三类活动

淘内主要的推广工具有直通车、钻展和淘宝客，在下一章节中会有专题章节来对主要的推广工具进行细致的讲解和技术说明。

5.10 农产品的商品化和网货化

一般而言，农产品大多存在科技含量低、优质农产品少、价格上限低、没有足够的溢价能力等劣势。在农产品上行的过程中，一般会经过产品商品化、商品网货化、网货品牌化的三个过程。

刚出土或刚采摘的农产品一般不具备商品的属性，我们需要首先将农产品进行商品化。产品的商品化需要从以下维度进行：产品规格、产品质量、产品包装、产品定价及产品服务。有了以上维度的制定和优化以后，便基本有了商品化的雏形。

农产品商品化以后要进一步考虑农产品的网货化。首先并不是所有的农产品都适合通过电商的方式来销售，如有些特别重的、附加值低的农产品就不适合以电商的方式进行销售，可能运费都要比产品本身贵。还有一些保质期短的，或者在运输途中特别容易损坏的也不适合以电商的方式销售，这会引起很多的退货问题或售后问题，从而加重店铺的负担。另外，对于保质期短的农产品可以考虑做成干货或进行深度加工，便于保质期的延长。

农产品的网货化也要更多地考虑农产品的包装问题，在包装上可以考虑长途运输的因素，在包装的设计上可以进行更新和迭代，以保证产品在运输途中不易损坏。图 5-55 和图 5-56 以土鸡蛋和水果杨梅为例，说明了网货化产品的包装形态。

图5-55 土鸡蛋包装

图5-56 水果杨梅包装

5.11　老客户维护与营销管理

老客户对店铺的意义非常大，从成本支出的角度来看，维护老客户比拉取新客户成本要低得多，特别对于农村电商，往往产品结构多为农副产品，具有很强的重复购买的特性，所以维护和管理好老客户，对于店铺的持续销售、低成本的引流等都具有非常重要的意义。

老客户能够帮店铺做什么呢？一般来讲，老客户在店铺完成起点销量、形成持续复购、提高客单价、打造爆款、清理库存等诸多方面都具有非常重要的意义。

店铺老客户在营销上可以采取多种方式，传统的方法有短信营销、包裹传单、定向发放优惠券等，移动互联网时代更是多了许多新的维系老客户的方法，如微信公众号、微信个人号、微博等。持续地生产出能吸引客户的内容，是维护老客户的关键。如图 5-57 所示列举了店铺老客户营销方面的主要方式。

图5-57　老客户营销方式

在店铺会员营销方面，可以根据会员的消费金额和消费频次设置不同的会员等级，并定期开展会员回馈活动，定期进行会员回访和会员关怀，对会员进行精细化的管理，有助于进一步提升会员的体验和满意度，从而增加店铺与客户之间的黏性与互动。

5.12　微商基础介绍及推广技巧

移动互联网时代，微商作为一种新的营销模式已经热了几年了，打开微信朋友圈，多多少少能看见很多人在做的“广告”。农产品微商作为一种新型的推广模式，对传统的营销带来了比较大的冲击，新的模式带来了新的机遇，但同时也存在监管不到位、产品质量良莠不齐、产品售后不能有效保证等弊端，需要逐步地完善与提升。

微信营销相比于淘宝店铺，投入更低，也不需要专业的运营技巧，以熟人、朋友之间的信任为基础，完全是通过社交方式，能做到又好又快的口碑相传，非常适合农产品的上行与销售。

在微商的推广过程中，以下几点需要注意：

1. 在农产品品类的选择上，尽量选择储存时间长的、便于运输的农产品，以避免运输过程中的折损；

2. 在农产品的选择上要进一步突出特色和价值。因为普通的农产品消费者比较容易在社区店或农贸市场中买到，微商中销售的农产品尽可能选择区域特性和稀缺性较强的品类，这样才能引起朋友圈中的潜在客户的兴趣并产生购买的行为；

3. 所选择的农产品要保质保量，并保证绿色无污染，朋友圈中的产品如果要长久销售，靠的是口碑相传，所以必须拿出高性价比的硬货，才能建立买卖双方之间的信任；

4. 在农产品微商推广的过程中，要根据产品的特性锁定目标群体，并先找到好的圈层进行突破，建立忠实粉丝，再由这些粉丝“义务”地帮你推广和宣传，从而进一步扩大圈层，提升影响力、传播力和销售额；

5. 在进行农产品朋友圈发布时注意不要过分刷屏，以免引起圈内朋友的反感而被屏蔽；

6. 农产品微商在宣传时要注意推广的技巧性，不要直接发布硬性广告，将农产品与自己的日常生活联系起来，并加入一些产品特性的介绍或自己的感触和体会，这样会让圈内的朋友更易接受并产生兴趣和购买。

6

农村电商运营进阶及常见问题防范

6.1　店铺运营的总体计划和思路

6.2　电商团队的组建、管理和激励

6.3　电商运营实用工具介绍及使用技巧

6.4　电商类目选择及品类规划

6.5　电商品牌定位及视觉呈现

6.6　产品详情页的设计逻辑及优化技巧

6.7　无线端（手机店铺）的装修及推广

6.8　店铺推广流量数据分析

6.9　店铺爆款的打造和延续

6.10　店铺搜索优化（SEO）方法和技巧

6.11　直通车推广技巧和优化

6.12　淘宝活动的提报技巧与执行

6.13　店铺常见法律法规问题

近年来，网购的人群基数每年都在增加，网购的年龄段也越来越偏向年轻化，整体的电商购物需求更加旺盛，流量也越来越多，但同时我们会发现线上店铺的数量也与日俱增，竞争也日渐白热化。如果不寻求改变，不积极进取就容易失去竞争力，进而逐渐被淘汰。电商运营非常关键，也是最为重要的一环。本章主要介绍电商运营进阶的相关技术与方法，以及常见的问题和防范。

6.1 店铺运营的总体计划和思路

在线上运营店铺其原理和线下开实体店是相通的，线下实体店要想经营得好必须有好的产品作为载体，再加上好的服务来形成好的口碑，开店的位置也很重要，最好是开在闹市区或人流量比较集中的地方，以便让更多的潜在客户发现与找到。线上运营店铺的道理也是一样，要有好的产品，好的人流量，好的服务来形成好的转换。我们用电商专业的术语来描述，可以用以下的公式来说明：销量 = 访客数 × 转化率 × 客单价。只要提升右边的三项，就可以提升店铺整体的销量。

访客数就是访问店铺的人数，一般用 UV 来表示，1 个访问客户即为 1 个 UV，访客数越大说明访问店铺的人数越多，潜在成交的机会也越大；转化率就是访问客户数成交的比例，例如有 100 个人访问店铺，有 10 个人成交，则转化率为 10%，显然转化率越高店铺就越有竞争力；客单价就是单个客户在店铺成交的金额，很容易理解，我们自然希望单个客户在店铺中买得越多越好。将公式右侧的三项提升，自然就可以提升店铺的整体销量，使店铺具有较强的竞争力。

店铺整体的运营核心就是围绕这三项展开的，图 6-1 展示了影响这三项的主要因素。访客数和行业、单品、店铺整体的变化等因素有关。转化率具体可以分为静默转化率和询单转化率，静默转化率和产品本身的性价比、视觉文案等有重要的联系，而询单转化率就和客户的热情度、专业度及在线时间等有关。客单价和运营的相关策略和客服的主动推荐等因素有着密不可分的联系。店铺运营的核心思路就是要提升这些具体的影响因素，获取更大的精准流量，更高的转化率，并积累起忠诚的可复购的客户群体，以实现店铺的持续盈利能力。

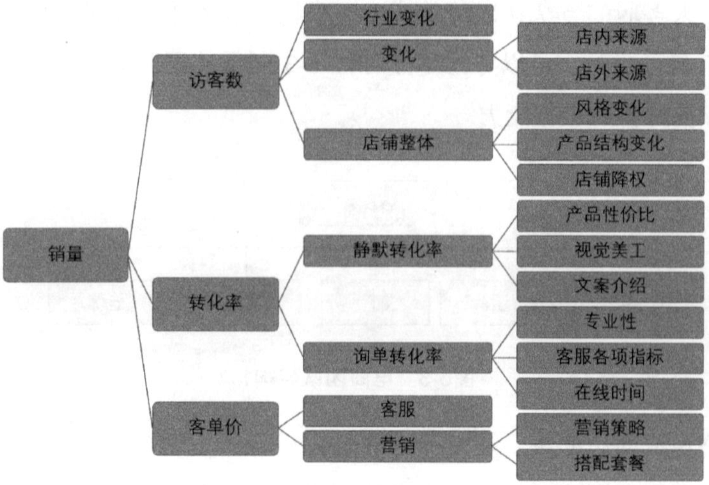

图6-1　店铺运营核心

6.2　电商团队的组建、管理和激励

电商由于行业的属性，不管创业初期时的小公司，还是发展到后续的几十人甚至几百人的大公司，整体的部门模块大体上都是一样的，一般会分成 6 个大的模块：采购、设计、运营、推广、客服、仓储，如图 6-2 所示。

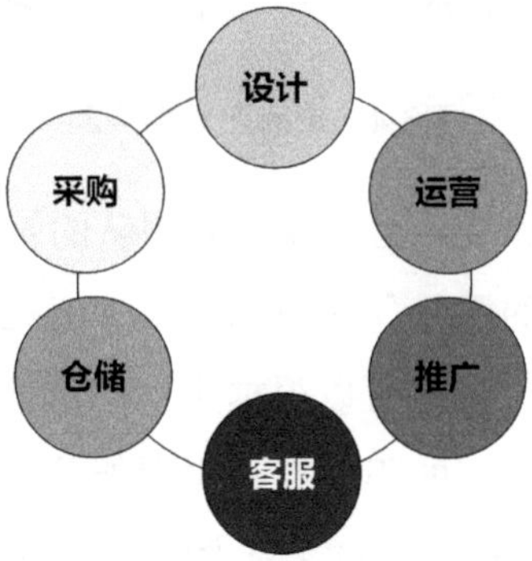

图6-2　电商部门模块

公司在发展初期，由于网店的流量、咨询量、订单量、售后问题均有限，

可以考虑一人多职的方法，以节约成本，在网店积累了一定的人气，每日形成稳定的客流和订单时，可以考虑建立如图 6-3 所示的团队架构，以增强团队的接单能力，提升售后服务能力。

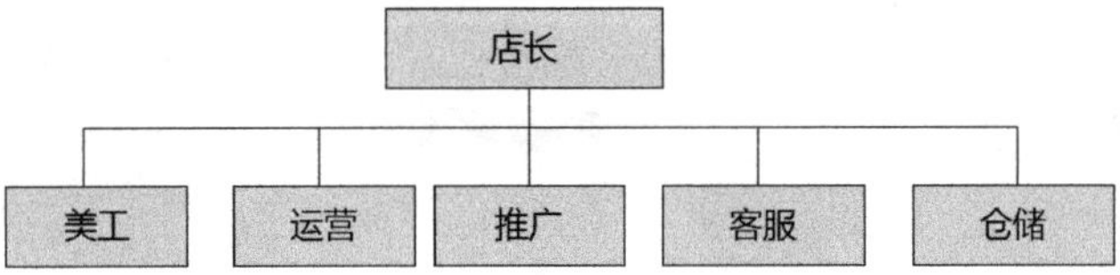

图6-3　电商团队架构1

随着公司或网店的进一步发展，或者公司开始拓展多个类目，多店铺经营的时候，之前的电商团队架构就容易受到局限，这个时候我们可以建立更加具体的电商团队架构，以满足公司或网店发展的需要，如图 6-4 所示。

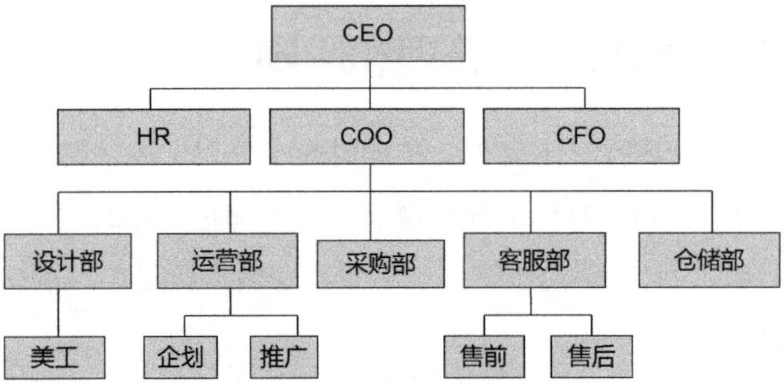

图6-4　电商团队架构2

为增强团队的执行力和战斗力，要注重团队的管理和 KPI 的考核。在公司文化方面，可以设立公司的愿景、使命和核心价值观，使公司上下一起为了共同的愿景和目标努力奋斗。另外可以根据不同的部门属性设立不同的 KPI，奖罚分明，最大程度上调动员工的积极性和主观能动性。如针对客服部门可以设置与客服特征相关的参数来进行考核：首次响应时间、平均响应时间、答复率、接付率、成交金额等，可以利用一些第三发服务软件（如绩效雷达等）来抓取数据；针对设计部门，可以通过访问深度，页面停留时间等维度来进行考核；而针对推广，可以更多地从引入的 UV 数量，流量的精准度，投入产出比（ROI）

等维度来考核。

团建活动是增加团队凝聚力的一种比较好的方式，通过团建活动，可以做到劳逸结合，并增进同事之间的相互了解和团队配合的默契程度，对提升整体的团队凝聚力和战斗力具有非常好的作用和效果。

6.3　电商运营实用工具介绍及使用技巧

电商店铺运营过程中，工具很重要，好的工具能提升运营效率，是运营人员的有力武器，通过软件和工具，也能看到表面所不能看到的真相，对店铺的数据进行精准而全面的分析。

在本节中简单介绍两个常见但非常有用的工具：生意参谋和生 e 经。

生意参谋是淘宝经过整合后的非常实用的数据分析软件，基本的功能模块是免费的，进阶模块需要付费购买，淘宝将以前的量子恒道、数据魔方、江湖策等功能都集中到了生意参谋中，所以生意参谋的功能非常强大。如图 6-5 所示，为店铺后台生意参谋的首页。

图6-5　生意参谋首页

如图 6-6 所示，显示了可以订购的生意参谋的模块，不同的模块对应不同的功能，商家可以根据自身的需要来订购。如市场行情模块，可以通过市场行情模块进行品牌定位，深度分析买家群体，研究买家画像，分析行业优秀品牌人群定位；进行商品规划，查看卖得好的，利润高的单品；查看竞品的核心数据；分析搜索热词，指导标题优化等。又如流量纵横模块，可以对流量进行监控，查看与分析店铺的流量来源等。

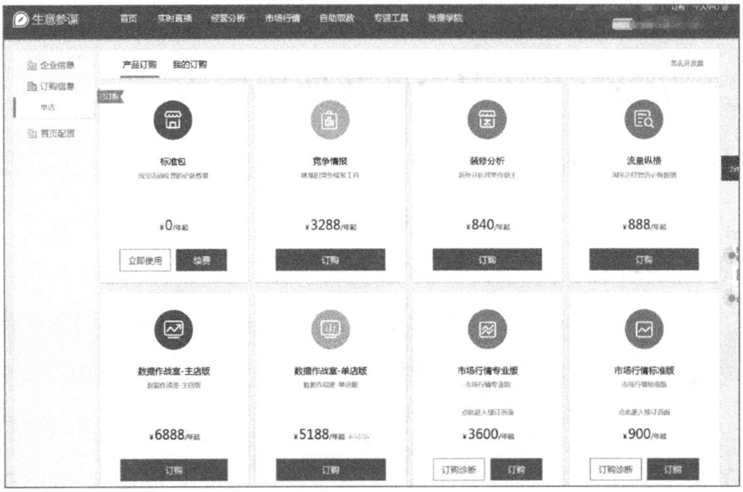

图6-6　生意参谋模块订购

通过生意参谋自带的免费模块也可以查看和分析很多数据，如通过实时直播模块，可以对店铺的流量进行实时分析，实时查看访客数、浏览量、支付金额、实时的数据来源、实时的店铺商品榜单、实时的访客等数据情况，如图 6-7 所示。

图6-7　生意参谋实时直播模块

通过经营分析模块，可以进行流量分析、商品分析、交易分析等，以及查看流量来源的排行情况，包括 PC 端和无线端，如图 6-8 和图 6-9 所示。在店铺运营中要多多关注和利用这些数据，实现店铺的精准化、数据化营销。

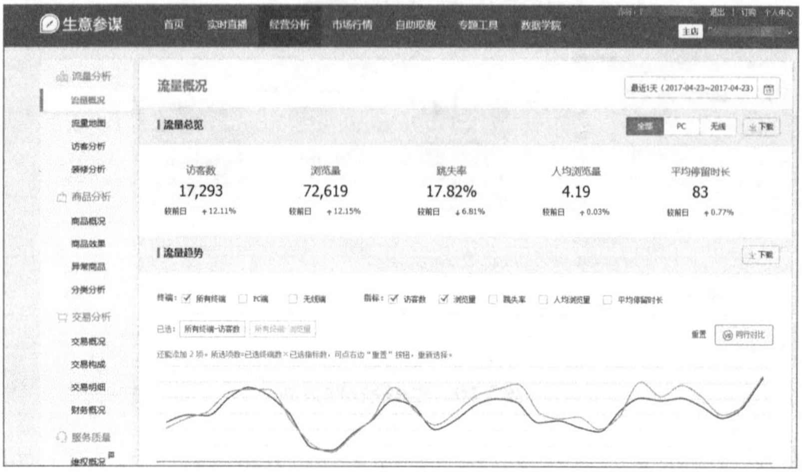

图6-8 生意参谋经营分析模块

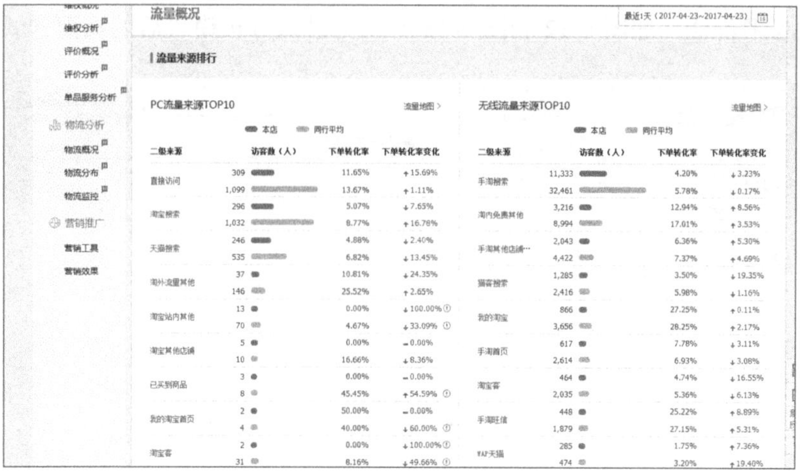

图6-9 生意参谋流量来源排行模块

除了生意参谋，生 e 经也是一个非常常用和有用的工具。如图 6-10 所示是生 e 经的页面，其中包含流量分析、销售分析、宝贝分析、行业分析等模块。

特别是行业分析模块，可以对行业进行相关的分析，是比较有用的工具，专业版用户可以查看行业分析的数据。

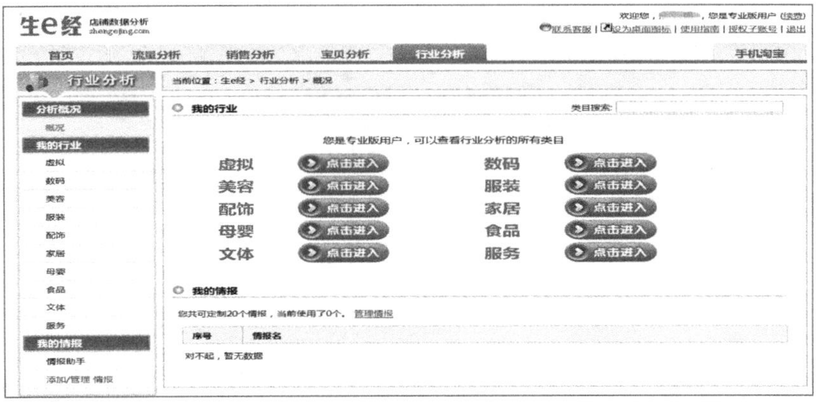

图6-10　生e经软件页面

我们以食品类目中的坚果为例，来看看行业分析的数据和界面。如图 6-11 所示，我们可以看到针对坚果类目的行业宝贝、店铺情况、成交量情况、热点属性情况、宝贝上下架时间分布、价格分布等相关数据进行分析，对运营具有实际的参考价值，如图 6-12 和图 6-13 所示为进入分析模块后的页面样式。

图6-11　生e经行业分析页面

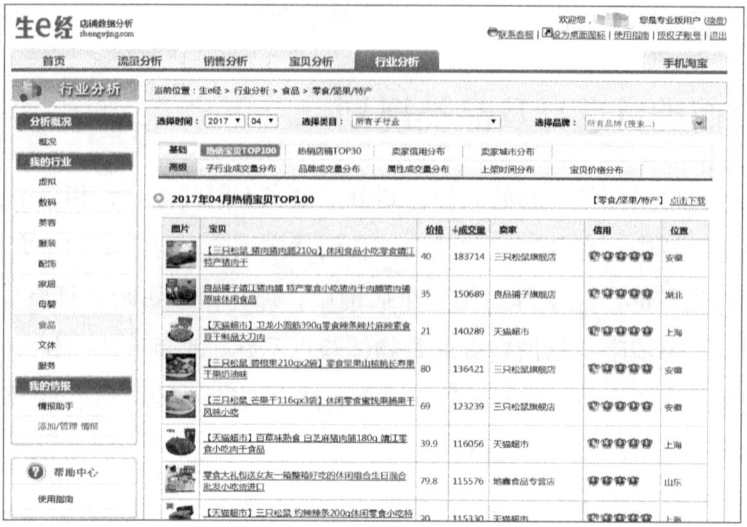

图6-12　生e经行业分析页面

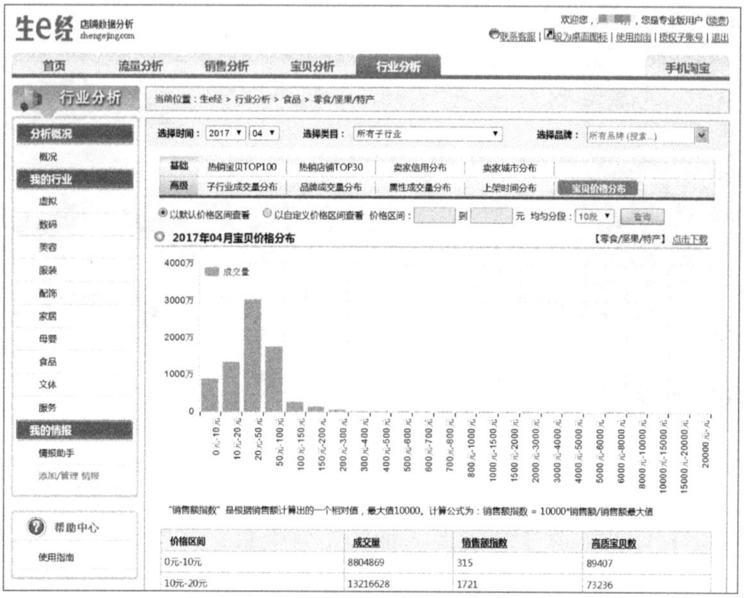

图6-13　生e经行业分析页面

当然在店铺运营中还有很多其他的有用工具，这里不再一一赘述，工具和软件不在于多，而在于是否适合自己，并在实际的运营中得以活学活用，用数据来指导运营，这才是软件和工具真正的价值和使命。

6.4 电商类目选择及品类规划

淘宝平台根据商品不同的属性，划分了很多不同的类目，相应的商品会归类到相应的类目中，在开店铺的初期，我们就应该确定好店铺的主营类目，不建议把不同类目的产品全部放到一个店铺中，那样做会影响店铺整体的权重，并使店铺类目不清晰，给消费者的购物体验也不好。举例来讲，饼干和手机就是两个完全不同的类目，就不要放在一个店铺中销售，会导致店铺的类目不清。如图 6-14 所示，为淘宝的类目划分。

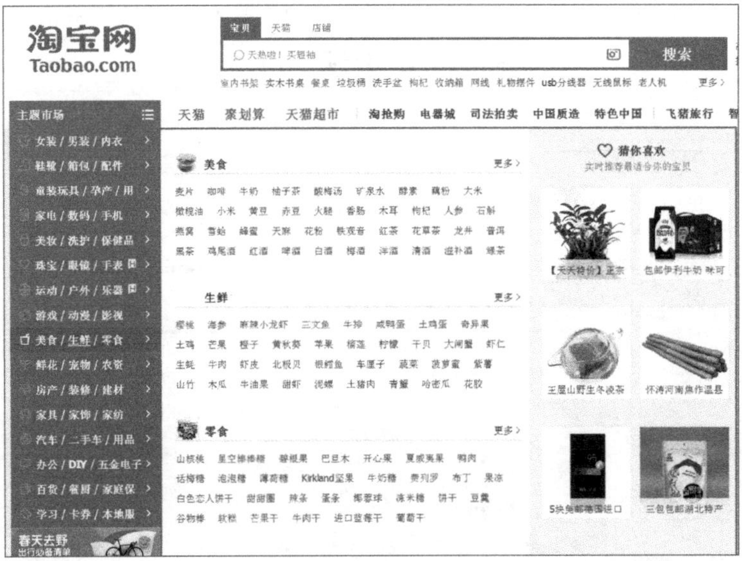

图6-14 淘宝类目

在开店之初，我们除了要确定店铺的主营类目，并确定店铺所要销售的该类目下的产品以外，还应进行相应的品类规划，店铺运营涉及很多方面，会涉及产品本身，运营人员的精力，推广的成本预算等，这就意味着不可能对所有的产品都一视同仁，对店铺内的商品进行有效的品类规划非常有必要。

一般来说，我们可以针对店铺的宝贝进行以下维度的分析与归类。

1. 主推产品。店铺主推产品就是店铺力推的主要产品，往往具有高UV价值，转化竞争力强，流量覆盖能力较大等特点。

2. 活动款。活动款往往非搜索端引流商品，往往需要用活动来引入流量，对于这样的商品，要设置计划多报名淘内淘外的活动，用活动积累销量和评价。另外，对于活动款的商品在平时销售中不要随意打折，以免影响活动报名的历史最低价限制。

3. 利润款。店铺的利润款往往和引流款针对同一人群，但可满足的需求不同，且利润较高，可以给店铺带来直接的利润，往往和店铺的引流款搭配起来进行营销。比如引流款是价格比较低廉的小苹果，利润款就设置成同类型的大苹果，以满足有大苹果需求的人群，同时获取更高的利润。

4. 刺猬款。刺猬款往往是无法满足引流款的商品，利润也非常低，但往往出于战略或搜索卡位等目的，利用价格或赠品等优势与其他竞争商品抢夺流量和订单，就好比“弃之可惜，食之无味”的商品，我们将这样的商品称之为刺猬款。

如图 6-15 所示为店铺的 4 种分类，当然在实际的店铺运营中还可以分得更细，针对不同的产品类型开展不同的营销手段，以实现精准营销。

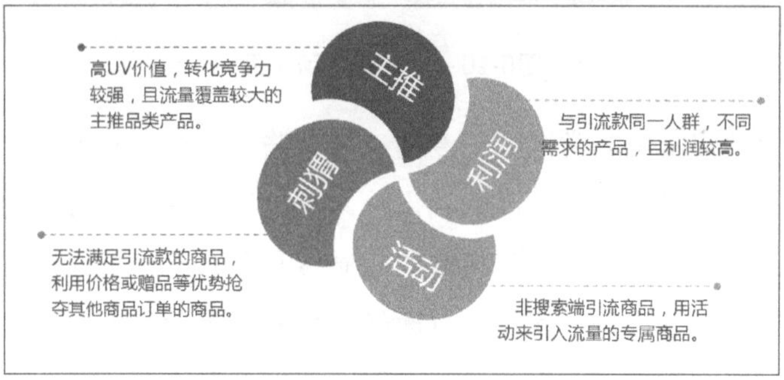

图6-15 店铺商品分类

6.5 电商品牌定位及视觉呈现

农产品由于信息不对称，交易体系落后，加之天生溢价能力低，附加值低，在品牌的打造和宣传上有着不同程度的障碍和瓶颈。在电商运营中，如何进行品牌的定位和宣传，并进行突出的视觉管理与呈现，满足消费升级需求，为农产品溢价，是非常关键和重要的一环。

为了更好地说明如何进行农产品电商品牌的定位和视觉呈现，举一个例子来说明。如图 6-16 所示是淘宝店铺倪老腌的首页，店铺只做单品辣椒酱，并且在众多店铺中脱颖而出，成为农村淘宝小而美店铺的成功典范，其主打的一款辣椒酱更是以 45 元不包邮的高价，打破了淘宝上只能用低价吸引流量的传统思维，也成为农产品溢价销售的典范。

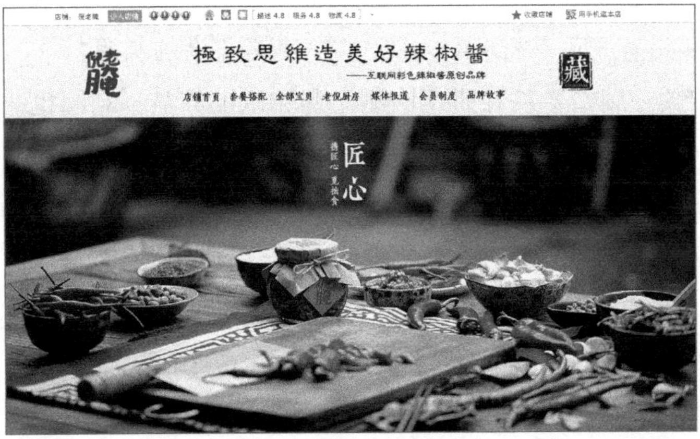

图6-16 倪老腌店铺首页

倪老腌的品牌定位非常清晰，专注于辣椒酱，安全、新鲜、天然。店铺的视觉呈现也做到了极致。从产品的拍摄、详情页的呈现，到首页的策划和制作都尽善尽美，从细微处呈现出辣椒酱的品质感和色彩感。页面还更多地抓住客户群的痛点和喜好点来进行营销。页面经过精心的策划和编排，并且会根据不同的活动和促销主题更新首页内容。在移动端更是独立编排和制作，根据手机的宽度来设计页面的幅度和宽度，让详情页更加唯美。再将丽水古堰画乡的美丽景色及原材料种植的田野风光呈现在页面中，让客户在浏览页面的同时，宛若置身于唯美的乡土山村风景之中。另外在店铺首页及详情页中还放置了古堰画乡的风景视频及创始人对倪老腌品牌及制作过程的介绍，让客户能够感性地认知倪老腌。精心拍摄的微电影《疯狂的辣椒》，通过寻找辣椒酱秘方等碎片式的素材让消费者了解“倪老腌”辣椒酱的用心。

可以说，倪老腌是一个非常精彩和生动的例子，说明了一个好的、有策划的品牌定位和极致的视觉呈现能大大提升农产品的溢价能力，对农产品电商的运营和推广有着很好的借鉴作用。

6.6 产品详情页的设计逻辑及优化技巧

产品详情页是说明和呈现商品细节的主要窗口，也是商品销售转化非常重要的因素。再好的商品，如果不能很好地通过产品详情页来展示，也不能被别人所了解和接受。

详情页设计中最常见的几个误区有。

1. 关联过多

有些商家会在详情的顶部放置各种关联销售，生怕客户看不到店铺中的其他产品，最后导致的结果是往往客户已经拉了好几屏了依然没有看到他想看到的商品详细信息，容易造成客户的厌烦、跳转和订单流失。如图 6-17 所示就是关联太多的一个案例。

2. 图片过大

有些商家直接把一整张图放到详情页中，图片往往很大，客户打开速度很慢，导致购物体验下降，订单流失。我们建议，不管是 PC 端还是手机端，详情页都要进行切割后上传，以加快图片加载的速度，提高客户的购物体验。

3. 逻辑不清

有些商家的详情页面逻辑混乱，没有一个清晰的逻辑顺序，甚至将一些最重要的信息放在了详情的尾部，把一些无关紧要的信息置于详情的顶部，使重点文案不突出，消费者无法抓取有价值或有吸引力的信息，最后导致订单的流失。

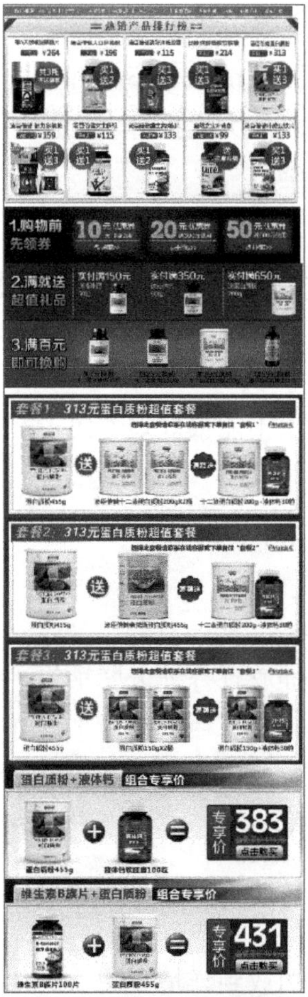

图6-17　详情关联过多

4．详情页过长

一般来讲，详情页不是越长越好，好的详情页往往能在1~2屏内就能打动客户，或者吸引客户继续往下看，不要盲目追求详情页的长度而忽略了详情页的质量。

要做好详情页设计，首先要了解产品，挖掘产品的核心卖点，了解和确定产品的受众人群，站在客户的角度思考客户在想什么，想要什么。编写精炼的文案，并在详情页的最上部的第1~2屏把核心的卖点和客户的需求点表达出来，在第一时间引起客户的注意并吸引客户、留住客户。高转化率详情页的要素如图 6-18 所示，所以以最快的速度让客户引起注意，提升兴趣非常重要。我们在实际的详细设计中要多多考虑和利用这些要素，不断优化详情页，提升产品的转化率，进而促进产品的销售。

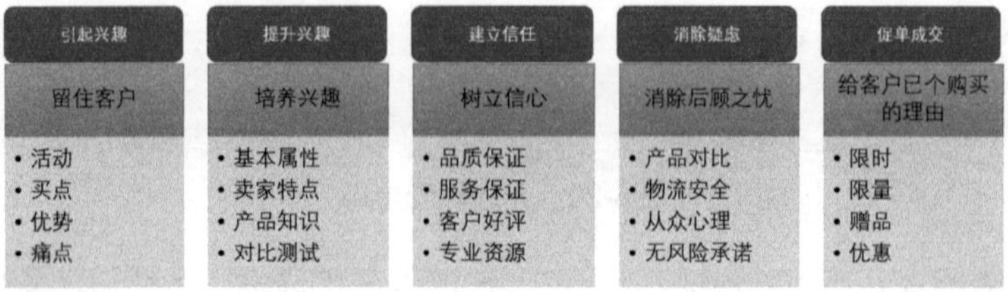

图6-18　高转化率详情页的要素

6.7　无线端（手机店铺）的装修及推广

随着无线端的流量和销售占比的提高，商家店铺运营基本把阵地转移到了无线端，无线端（手机店铺）的装修和推广非常重要。

进入后台，点击“店铺管理”—“手机淘宝店铺”选项，进入无线店铺页面，如图 6-19 所示，点击“立即装修”选项，进入无线店铺装修页面。

图6-19　手机淘宝店铺

进入无线运营中心，点击店铺首页就能进入手机首页装修页面，如图 6-20 所示。

图6-20　无线运营中心

无线装修有专业版和智能版之分，一钻以下的店铺可以免费使用无线专业版，一钻以上的店铺需要购买无线专业版，智能版是在专业版的基础上的进阶，模板服务费更贵，但也能实现更多的功能，特别是针对首页能实现千人千面，即通过标签选择设定人群，通过人群与精准页面的匹配，让不同的顾客看到不一样的页面，实现营销效果的最大化，并提升店铺的转化率，目前只针对天猫商家开放。这对于需要精细化运营的店铺来说是一个非常有力的武器，如图 6-21 所示。

图6-21　无线首页的千人千面

如图 6-22 所示，模板的左侧有各种分类的模块，装修的时候可以根据需要拖曳到右侧进行装修和加链接。

图6-22　手机淘宝店铺首页装修页面

旺铺智能版在专业版的基础上，新增 16 大新功能，从转化、效率和营销层面，全面提升店铺。新增了比如千人千面个性化首页、智能单双列宝贝（系统可根据不同的人群进行智能展现，从而提升转化率）、视频导购、智能卖家推荐（在详情页推荐买家感兴趣的产品）、智能加购凑单等新功能，如图 6-23 所示。

图6-23　旺铺智能版新功能介绍

6.8 店铺推广流量数据分析

流量是店铺的生命线，只有足够多的流量进入店铺才能形成转化的可能。所以在店铺运营中，流量的数据分析非常重要。我们会说，再有钱的掌柜也要注意流量的质量，再没有钱的掌柜也要买流量，说的就是流量对于店铺的重要性，流量非但要有，还必须要精准，只有精准的流量才能形成优良的转化，才能最终形成店铺的盈利来源。

流量从来源分析上来看，主要分为两大类：站内流量和站外流量。健康的店铺流量结构，其大致比例如下：付费流量占 30%，老客户访问流量占 30%，淘宝免费流量占 30%，站外流量占 10%。在保证同样销量的前提下，自然淘宝免费流量和老客户的流量占比越高越好，这也是店铺流量运营的关键所在。

从优化精准流量的角度来看，我们可以从四个方面来入手，以下分别来介绍。

1. 直通车流量优化

直通车流量作为店铺的主要付费流量，其精准与否直接影响到店铺的 ROI（投入产出比）。在直通车流量优化方面主要可以采取以下措施：首先通过直通车的店铺后台可以看到跳失率低的关键词，跳失率低意味着此关键词定位精准，转化率高，对于这样的跳失率低的优质关键词，要加入到直通车中进行大力推广；其次，要分析客户跳失的原因，很多关键词往往跳失率非常高，对于这样的关键词我们要进行具体分析，看看是因为产品本身的性价比问题，还是关键词或者直通车图片的问题，对于高跳失率的关键词要主动删除，优化整体的直通车流量；再者，要检查直通车关键词是否和描述相匹配，假定客户是通过搜索直通车关键词 A 进入页面，但详情描述中没有呈现 A 所描述的功能，即便客户点进来并看了，也不能满足客户的实际要求，最后客户也只会流失，这样的不能形成转化的流量，实际上对店铺毫无意义。另外还要注意直通车的关键词或直通车图片有没有给客户展示客户最想了解的信息，在直通车关键词或者直通车图上明确地展示商品的优势和价值，往往能更有效地提升关键词的转化率，提升和优化整体的流量。

2. 老客户流量分析与优化

老客户流量非常重要，新店和老店的一个很大的差别在于老客户的数量及老客户的复购率。如果能积累起一定数量的稳定、忠诚的老客户，并形成一定的复购，则店铺的流量成本会大大降低，并形成持续的销售和利润产出。

店铺的产品结构不要随意改变，因为淘宝按店铺主营的产品划分店铺所在类目并计算店铺的权重，假定客户在 1 个月之前购买了店铺的大米，1 个月后想继续购买大米，进入店铺发现店铺已经改卖手机了，这种变化对老客户会形成极大的伤害，老客户流量流失也就不足为奇了。

另外像店铺的风格、色调、模特等也不要随意改变，随意改变会面临老客流失的风险。

还有在店铺的营销方面也要注意老客户和新客户的区别对待，设置不同的折扣梯度，发放不同等级的红包，发送不同的短信都是比较好的方式，可以提高老客户的体验。店铺后台有会员 VIP 设置模块，如图 6-24 所示，在店铺运营的时候可以根据店铺的实际情况来进行相应的设置。

图6-24　店铺VIP设置

3. 按天分析流量优化

通过后台生意参谋查看每天流量分析，正常店铺的流量相对来说呈现平稳增长的态势，而非正常的店铺的流量在活动时流量会呈现波峰的态势，而活动过后流量不增，并马上恢复到店铺活动之前的流量态势。

针对这样的情况，我们可以考虑在主打产品以外设置可以覆盖其他人群的产品，并在流量下降的时期做促销活动，通过这样的优化，使得流量覆盖的群体更大，流量曲线更健康。另外可以考虑在不同的时间段做不同的营销活动，比如晚上 8 点到 9 点流量少，转化差，就可以专门在这个时间段进行低价促销抢购活动，每次推出 2~3 款特价宝贝，并通知老客户来抢。在固定时间，比如每周二、四、六都推出这样的抢购活动，渐渐地客户就会形成消费习惯，一到这个时间就会来看看有没有心仪的宝贝，这样做就能有效补充以前这个时间段流量不足的问题。

作为店铺运营人员，要经常进行店铺后台流量的对比，找出今天与昨天、本周与上周流量有什么差异，是什么原因导致的差异，并及时调整营销策略，使流量稳定并持续增长。

4. 按地域流量分析与优化

通过生意参谋的后台可以看到访客地域分布图，从高到低用不同的颜色标识。访客多的地域消费者需求高，可以适当加大该地域的直通车推广力度，让流量好的地域流量更好，转化更好。对于流量低的地域要进行原因分析，如果是热门城市，就要分析是否店铺宝贝自身出了问题。不同地域的气温、风俗、传统文化，以及人们的习惯、喜好都不尽相同，要进行有针对性的策划，根据该地域买家的喜好，去选择产品，引入精准流量，提高店铺转化率。

6.9 店铺爆款的打造和延续

爆款对于店铺来说非常重要，爆款一方面是店铺销量和利润的来源，一方面由于销量和评价的累积，往往能占据搜索流量的关键词入口，给店铺带来免费的搜索流量，这也是店铺健康持续发展的有力保障。

决定一个产品能不能成为爆款的因素有很多，其中之一是市场因素，就是消费者对产品是否存在需求，这个是最为关键的因素，大概占到整体因素的60%；其次要看销售此宝贝的店铺的基础和宝贝本身的基础，店铺基础包括店铺层级，店铺的体量，店铺的类型等因素，宝贝基础包括宝贝的销量、好评数、复购率等因素，占整体的25%；最后还和营销资源上的投入有关，再好的宝贝，如果在营销资源上不投入，不去推，也很难卖起来，这个因素占整体的15%。

淘宝的流量，决定着店铺的销量，淘宝的流量毕竟是有限的，这就意味着淘宝在流量的分配上有着其自身的规则。

我们会发现，为了扶持小卖家，淘宝的流量对新品或者根据上下架时间会有某种程度的倾斜，所以我们说新品分时段上架，设置合理的上下架时间对获取流量还是有帮助的。另外淘宝会根据商家最近30天的支付宝成交金额计算店铺的层级，一般分为7个层级，从1到7，销量越大层级越高。越高层级的店铺，相同情况下分配到的流量也越多。

如图6-25所示，一般第1~3层级为1个区间，4~5层级为1个区间，6~7层级为1个区间，相对应的流量分配比例大致为2 ∶ 3 ∶ 5。

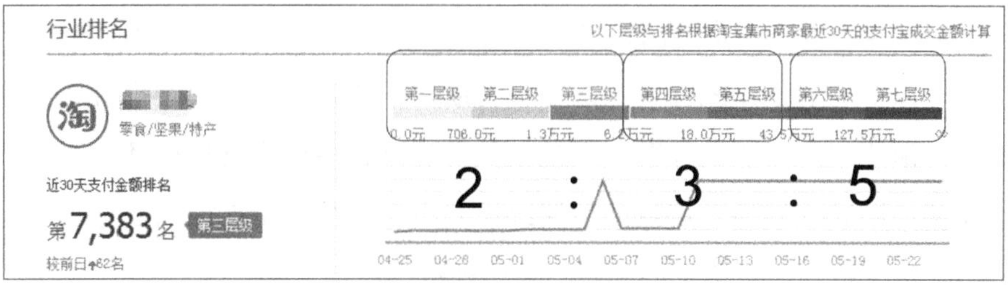

图6-25　店铺层级

打造店铺的爆款，要注意以下几点细节。

1. 要重视新品流量

上传新品宝贝，不要用淘宝助理等软件，要手动上传；标题方面，不要照抄人气和销量高的宝贝的标题，标题一定要自己写；宝贝首图要自己拍，尽量跟竞争对手不一样；详情页要有自己的设计逻辑；类目、属性要填全、填准确，尽量地让搜索引擎认定是新品。

2. 点击率、收藏、加购的人气权重

保证点击率、收藏、加购这 3 个指标在开始的时候比同层次竞争对手好，第一周尤为重要，然后第二周相对第一周，第三周相对第二周，转化率要稳中有升。

3. 店铺的权重

店铺综合质量得分高，宝贝就可以获得更多的权重。具体来讲，店铺的整体服务质量包含 DSR 评分、退款等相关指标。店铺的活跃程度包括上新的频率、店铺动销等。整体的数据指标包括整体转化率、店铺停留时间、跳失率等。这些数据维护好，对提升店铺的权重有很大的作用。

4. 特定圈子里的排名

在特定的时间段或特定的关键词上的相关数据表现好，则在这个特定的关键词或时间段上宝贝权重就高，更容易获取自然搜索流量。

做好以上的细节，配合淘抢购等平台活动，和直通车等付费推广工具，做好售后，形成好的评价和复购，慢慢宝贝的经营就能形成良性循环，销量就会越来越多。同时也要注意爆款的后期维护和次爆款的流量引导以及爆款群的建立，以形成更持续、更稳定的销量，使店铺持续稳定发展。

6.10 店铺搜索优化（SEO）方法和技巧

淘宝免费流量是淘宝卖家梦寐以求的流量，而要获取免费流量，其中一个

很重要的方法就是要对店铺进行搜索优化，即做好 SEO。

SEO 即 Search Engine Optimization 的英文缩写，是指搜索引擎优化。在店铺运营中，SEO 和产品、价格、最优类目、类目流量、标题、主图、上下架时间等因素有关，在这一节里，我们重点介绍标题和上下架时间优化。

淘宝商品的标题最多可以是 60 个字符或 30 个汉字，一个汉字算两个字符。用好这 60 个字符，对搜索会有很大的帮助。

要做好一个标题，选词很重要，因为标题本身就是由不同的词进行排列组合后得到的，而用户也往往习惯通过在淘宝搜索框中搜索关键词来寻找其想要的商品。关键词 = 用户的行为 + 购买意图（产品信息和用户需求匹配），所以写好标题的关键是要确定关键词。

选词的方法有很多，一般可以根据宝贝的属性提取关键词，或者通过淘词中的热词、搜索下拉框的推荐词、移动端下拉框中的推荐词、直通车推荐词等获取。如图 6-26 所示是淘宝搜索下拉框词，如图 6-27 所示是手机淘宝搜索下拉框词。

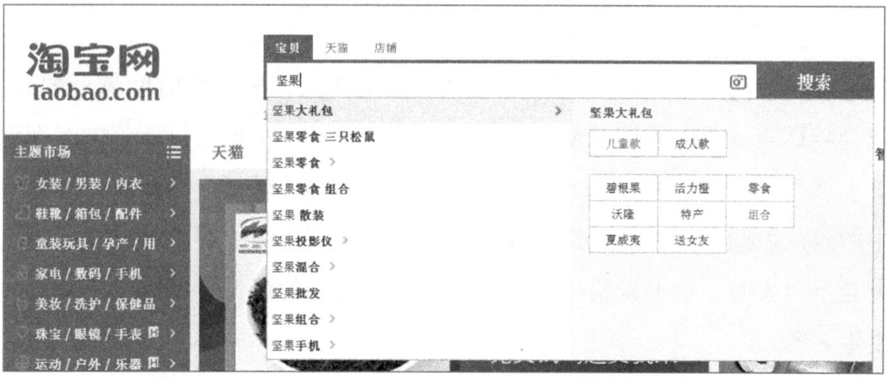

图6-26　淘宝搜索下拉框词

图6-27 手机淘宝搜索下拉框词

标题优化的技巧有以下几点：

1. 前期用精准词和长尾词；
2. 建立词表，保留有转化率和点击率高的词；
3. 换词、移词，跟踪更换后的效果；
4. 把不紧密排列改为紧密排列；
5. 每次改动在 6 个字以内，并做好记录和跟踪；
6. 前端的词权重高，不要轻易改变；
7. 直通车中好的词和标题中好的词，可以相互借鉴。

另外，在淘宝平台中，商品上下架周期为 7 天，离下架时间越近的商品，排名会越靠前，所以我们就要利用上下架时间原理，根据宝贝所处的时期调整宝贝上下架的时间，调整的原则是：宝贝竞争力小的时候，尽量避开上架时间集中的点，否则会和销售好的商品排在一起，没有优势，影响转化和销售；而宝贝竞争力大时，卡上架集中的时间，以获取更多的流量。调整上下架时可以使用生 e 经。

举例来讲，如图 6-28 和 6-29 所示，我们看到坚果类上下架最集中的时间是周三的上午 11 点，如果是新上架的宝贝或者销量一般的宝贝，上下架时间就要错开这个高峰期，而选择相对有人气但竞争又不激烈的时间上下架，则有机会展示，并形成销售和转化。

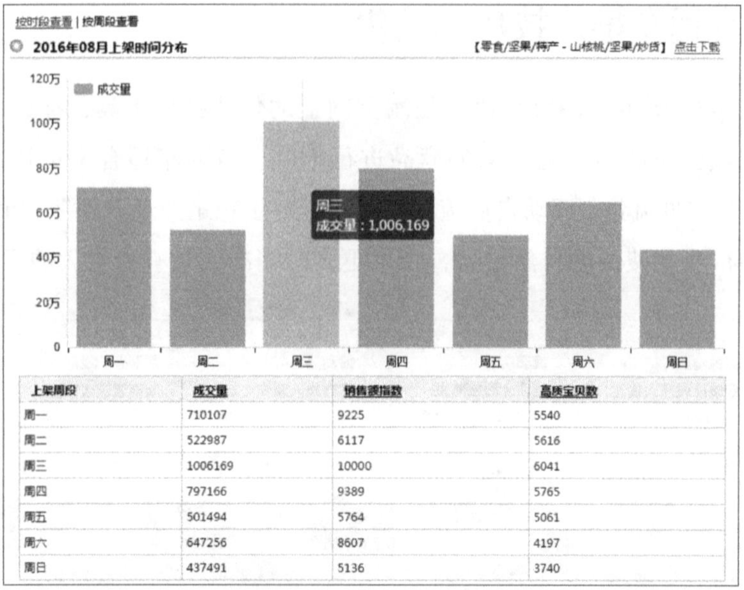

上架周段	成交量	销售额指数	高质宝贝数
周一	710107	9225	5540
周二	522987	6117	5616
周三	1006169	10000	6041
周四	797166	9389	5765
周五	501494	5764	5061
周六	647256	8607	4197
周日	437491	5136	3740

图6-28 上下架时间分布—星期

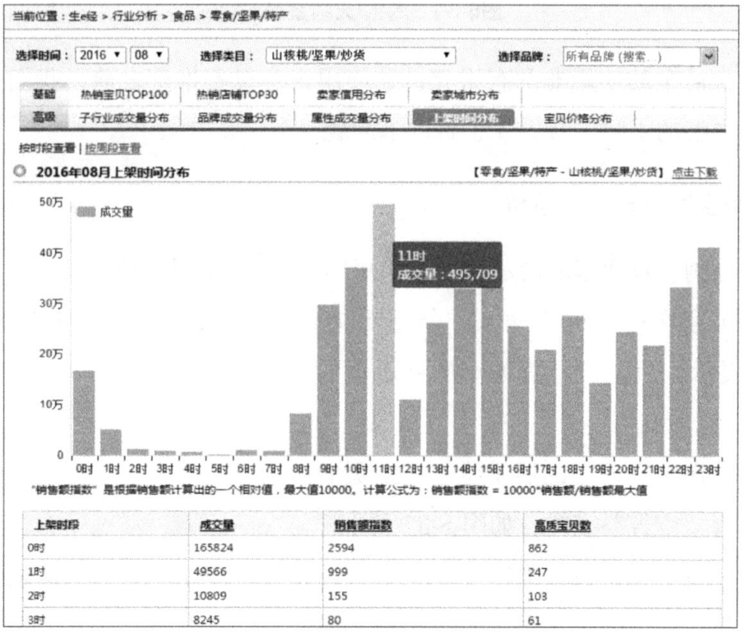

上架时段	成交量	销售额指数	高质宝贝数
0时	165824	2594	862
1时	49566	999	247
2时	10809	155	103
3时	8245	80	61

图6-29 上下架时间分布—小时

6.11 直通车推广技巧和优化

如图 6-30 所示，淘宝直通车是淘宝网上的付费推广工具，通过关键字竞价，按照点击量收费，为卖家的商品进行推广。直通车适合宝贝快速精准推广，能提升宝贝流量，调动自然流量，直通车对于想迅速超越对手、抢占市场、提高产品行业主搜词的自然排名，带来更多的精准流量有着很大的意义。

图6-30 淘宝/天猫直通车

淘宝直通车的使用非常有讲究，在使用这个付费推广之前，我们要对推广的方式做详细的了解。我们先了解以下问题。

1. 淘宝直通车的展示位

第一处淘宝直通车的展示位：搜索页面右侧 12 个展示位。

比如买家在搜索框中输入“新疆枣夹核桃”，搜索结果页面出来后右侧的 12 个展示位就是淘宝直通车的展示位，在右上角有“广告”字样，如图 6-31 所示。

第二处淘宝直通车的展示位：搜索页面最下方的 5 个展示位置，在底部右端也同样有“广告”字样，如图 6-32 所示。

另外，每个搜索页面的第一个也是直通车的位置，在第一个搜索位置的右下角同样显示“广告”字样，如图 6-33 所示。

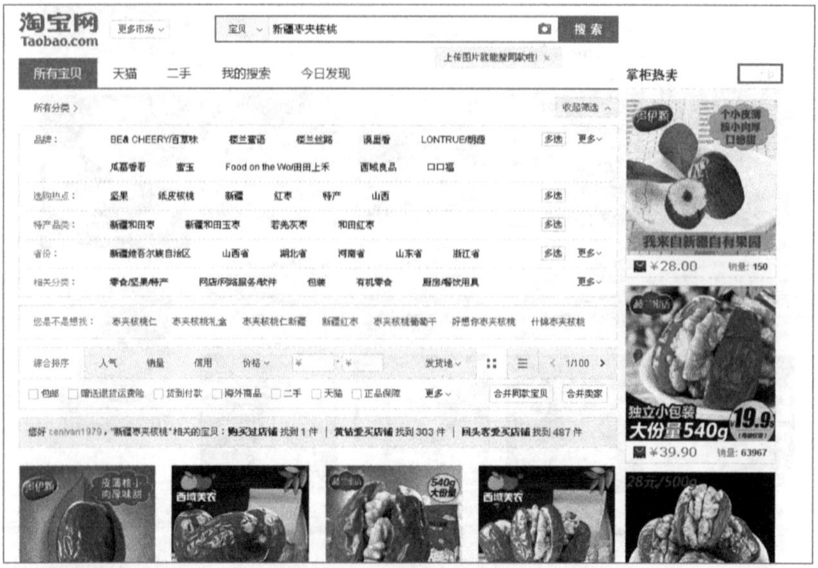

图6-31　右侧直通车示例

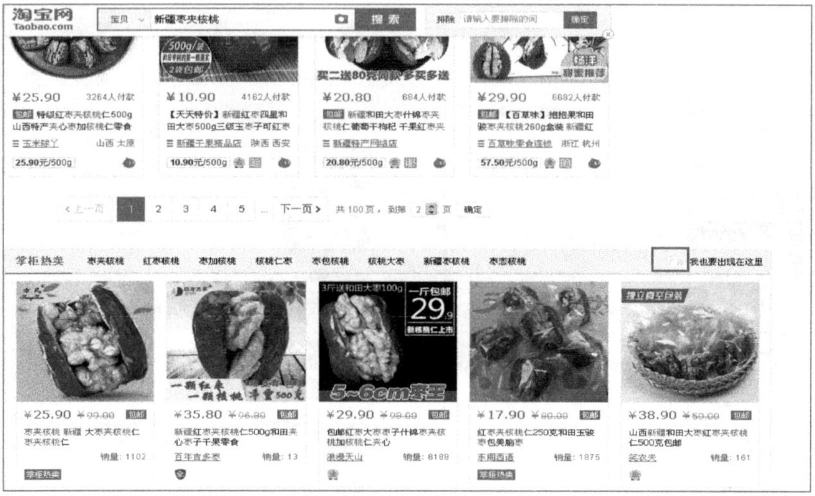

图6-32　底部直通车位置

另外，移动端的直通车位置遵循 1+5+5+10+10+……的规律，即移动端搜索第一个是直通车位置，隔 5 个是一个直通车位置，再隔 5 个是直通车位置，再往后就是每隔 10 个是直通车位置，如图 6-34 和图 6-35 所示。

图6-33　搜索页第一个直通车位置

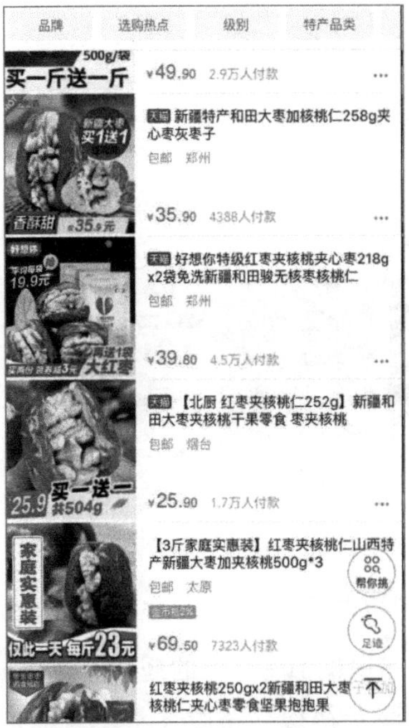

图6-34　第二个直通车位

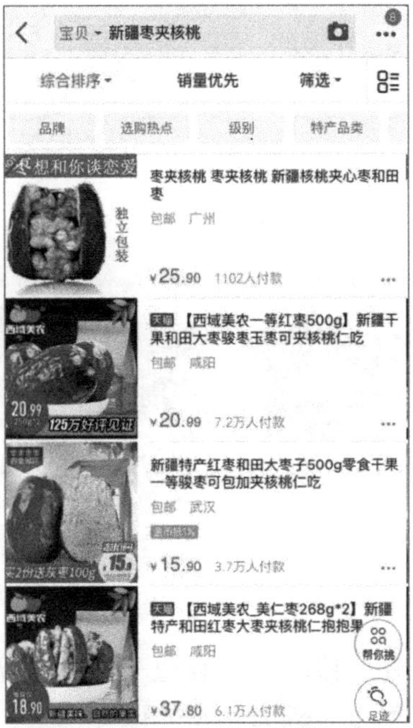

图6-35　第三个直通车位

2. 淘宝直通车的计费方式

（1）当买家搜索设置的关键词时，宝贝就会出现在直通车的展示位上，有买家点击宝贝时才收费，没有点击不收费。

（2）你为关键词设置的价格，是你愿意为该关键词带来的一个点击付出的最高价格，当宝贝被点击时，扣费将小于或者等于你的出价。实际扣费 = 下一名出价 ×（下一名质量得分 / 我的质量得分）+0.01 元，质量得分越高，投放成本越低。

（3）淘宝直通车有防恶意点击系统，可以对点击情况进行监控，并进行智能化的算法分析，IP 地址、cookies、物理地址等 30 个参数分析维度，保证点击数据的有效性。

3. 直通车的运营和优化

直通车是以点击次数来收费的，而单次点击的费用又和宝贝的质量得分相关，如何提高宝贝的质量得分，从而降低关键词的 PPC（Pay per click），是优化直通车计划中的关键。下面我们来看一下直通车关键词的质量得分和哪些因素有关。

直通车关键词的质量得分往往和宝贝基础分、创意图片、相关性和买家体验、展现与点击量、点击率、点击转化率等因素有关。直通车关键词的质量得分会随着点击率和点击转化率的变化而发生改变，提升关键词的点击率和转化率，可以从很大程度上提升关键词的质量得分，降低关键词出价的成本，进而优化整个直通车的过程。

直通车关键词的选取也是非常重要的，如图 6-36 所示，在选词的时候我们要选择和宝贝匹配度高的词，这样的词往往原始宝贝质量得分高。在开始推广这些词的时候，在能承受的范围内尽量提高关键词的出价，使该词获得一定的展现。

在直通车计划运行后，选择和优化有点击量的词，点击是一种数据反馈，如图 6-37 所示。没有点击的词，后面不大可能会有提升，我们要更多地关注和优化有点击的关键词。

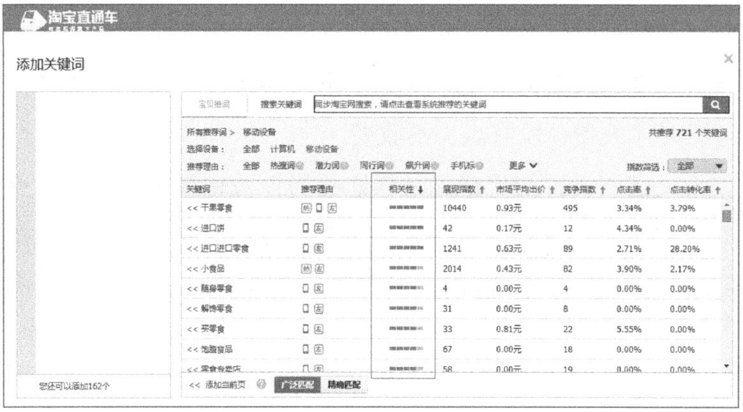

图6-36　直通车关键词

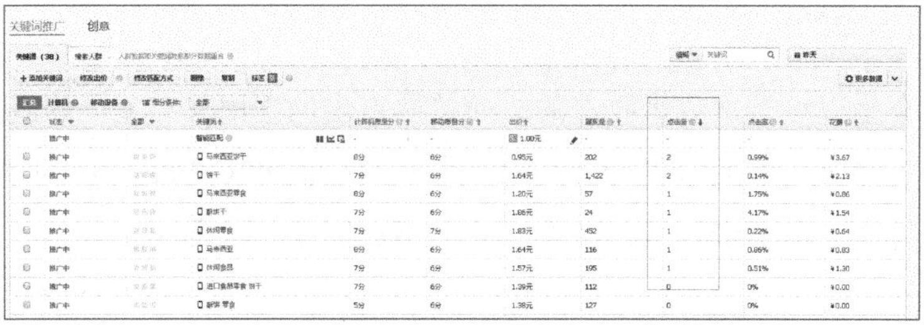

图6-37　直通车的点击量

另外在直通车的推广过程中，我们可以通过优化创意图（新版直通车中允许有 4 张创意图进行同步测试），优化关键词出价，设置直通车日限额，增减关键词，优化推广标题，设置投放平台、投放地域和投放时间等多个维度进行直通车计划的优化。图 6-38 所示是直通车推广计划设置。

图6-38　直通车推广计划

图 6-39 所示是直通车设置日限额。

图6-39　设置日限额

图 6-40 所示是直通车设置投放平台。

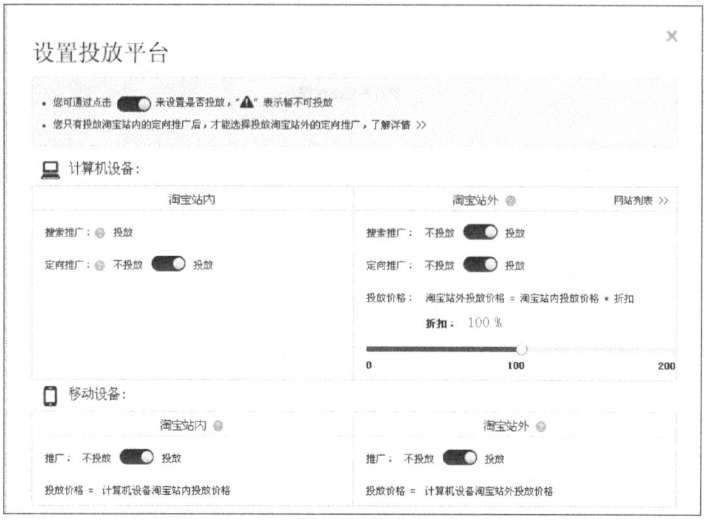

图6-40　设置投放平台

直通车投放时间的设置如图 6-41 所示。

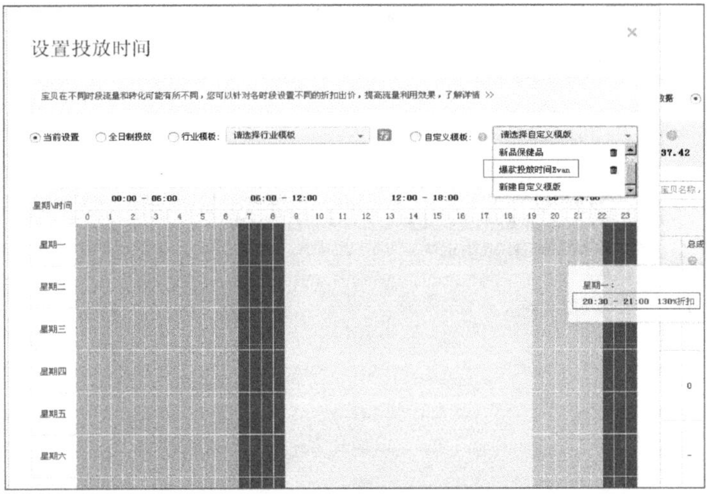

图6-41　设置投放时间

直通车投放地域的设置如图 6-42 所示。

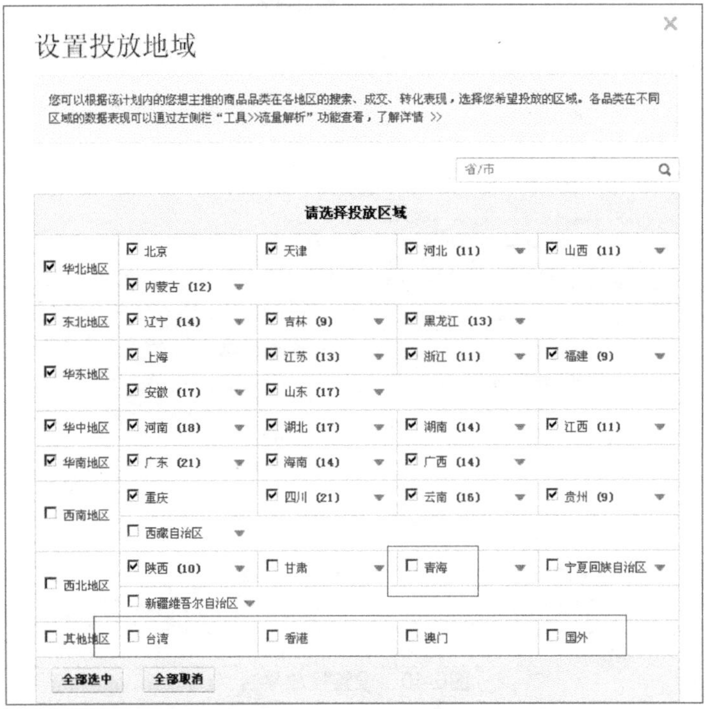

图6-42　设置投放地域

4．无线直通车

目前无线端的流量和成交成为主流，故无线端的直通车推广显得更为重要。

如前面介绍，无线端的直通车位置的排名情况和PC端不同，排布规则为1+5+5+10+10，所以抢占无线端直通车的第一个位置非常重要，是无线直通车推广运营中的关键，当然这个位置的竞争无疑也是非常激烈的。另外手机端直通车的明星店铺具有点击率高、收藏效果好、转化好等特点，如果店铺能够启用明星店铺，则可以在实际的运营和操作中利用起来（目前明星店铺多为天猫旗舰店才能使用）。

直通车无线端明星店铺如图6-43和图6-44所示。

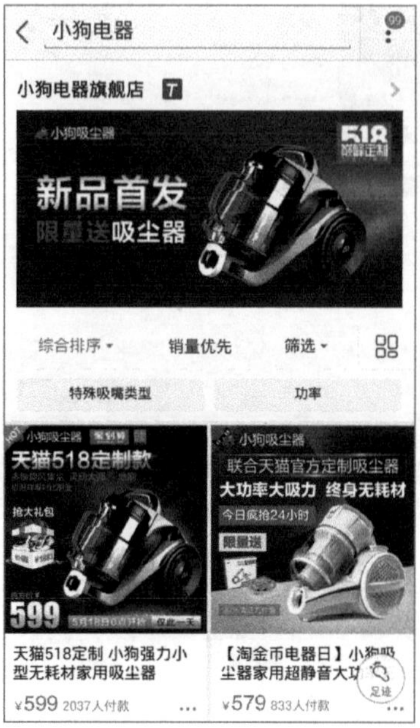

图6-43　明星店铺1

图6-44　明星店铺2

6.12　淘宝活动的提报技巧与执行

在店铺运营中，为了在短时间内迅速提升店铺和产品的曝光度，引入巨大流量，参加淘宝的官方活动是一个非常不错的举措。淘内官方活动流量大，效果明显的有淘抢购、聚划算、天天特价、淘金币等活动。不同的活动针对的产品也不同，比如天天特价适合低客单价的产品，淘抢购适合中等客单价、有特色、性价比高的产品。可以针对不同的产品来选择不同的淘宝官方活动。下面以淘抢购为例，介绍一下淘宝活动的提报技巧。

在浏览器中输入 qianggou.taobao.com，进入淘抢购的报名页面，如图 6-45 所示。要成功报名淘抢购活动，首先必须符合淘抢购报名的要求，如图 6-46 是淘抢购的规则中心，可以查看淘抢购的招商规则及收费标准，规则中对店铺的开店时间、产品的基础销量、店铺层级等都有相应的规定。

图6-45　报名页面

图6-46　规则中心

每个商家一个月内最多可以上 6 次淘抢购，同一款产品不能重复上，会有活动“疲劳期”，一般来讲，基础销量和评价不错，产品性价比高，又相对热门的产品通过的概率还是比较高的。在淘抢购商品报名的时候要有一定的规划和策略。

首先，优先选店铺的爆款报名淘抢购，每个店铺或多或少都会有几款热销爆款，这些爆款日常的销量和转化往往较好，并积累了一定的老客户，像这样的爆款可以通过淘抢购这样的活动进一步提高销量，提高爆款的搜索排名。爆款在报名的时候优先报主题日等大流量的档期。

店铺中除了爆款还有次级爆款，当爆款的活动次数已经消耗尽时，如没有特殊情况，则优先选择店铺的次级爆款报名。

如果是非热销的款，需要注意在选款报活动的时候增加销售的利益点，如买 1 送 1，满 2 件减 20 元等，以增加产品的性价比和吸引力。

多关注淘抢购平台和淘抢购千牛公众号，每个月都会有活动的规划。

根据淘抢购每月的规划表，结合店铺的产品，做好活动的报名计划，依照表中的商品去依次报名。以店铺实际情况将产品（爆款，次爆款，新品，滞销款等）填写在对应的 6 个场次中，表格中要体现基本信息如价格、利益点等，也可以依据实际的需求优化表格，并添加其他信息，图 6-47 所示为样表。

月度报名规划	周一	周二	周三	周四	周五	周六	周日
日期					1	2	3
产品						次爆款A	
价格						XXX	
利益点						买2份减3元	
日期	4	5	6	7	8	9	10
产品			滞销款A				
价格			XXX				
利益点			买2份减3元				
日期	11	12（年货节）	13（年货节）	14	15	16（食品行业日）	17
产品		爆款A				爆款B	
价格		XXX				XXX	
利益点		前5分钟买1送1				前1000名买1送1	
日期	18	19	20	21	22	23	24
产品			新品A				
价格			XXX				
利益点			第2份半价				
日期	25	26	27（爱吃日）	28（月末疯抢）	29（月末疯抢）	30	31
产品				爆款A			
价格				XXX			
利益点				前1000名半价			

图6-47 淘抢购活动提报计划表

活动报名提交成功后，每天上班前和下班时都要看一下后台，看看活动是否审核通过，一般会提前一周或几天审核通过。

如果活动通过，要立即查看具体的活动日期，并马上确定库存情况，并准备好相应赠品、辅材和耗材。

对于通过审核的商品，要密切关注商品的评价情况，防止活动前出现恶意评价或差评置顶，以免影响活动当天的转化率。

活动前两天，要做好活动前的预热工作，比如在PC端首页和无线端显眼的位置放置淘抢购的预热信息和广告，营造活动的气氛，做好直通车、钻展素材，开始投放，以增加活动商品的曝光量和收藏加购量。

开团前一天，可以用CRM软件分批分层次对老客户进行短信推送，告知老客户活动的时间、内容、优惠力度、赠品等信息。利用微信公众号、个人微信号、微淘、QQ群等渠道推送活动信息。客服的自动回复也要设置成活动的信息内容，以提高活动商品的收藏率和关注度。

开团前1小时，进行第二批短信的发送：发给优质顾客群，把最给力的利益点推送给他们，刺激他们活动开始后就立即来购买。

活动正式开始后，要密切关注数据和抢购进度条，开场的进度条前进速度越快说明抢购的速度越快，密切关注第1分钟、第5分钟、第10分钟时的进度。一般10分钟进度条超过20%算是理想的；如果开场的进度条过慢，则要马上启动应对方案。

查看后台数据，如果流量不够，检查店铺内主要位置是否都有展现，加大直通车和钻展的投放力度，新媒体与短信再次推送一遍。

如果转化率低，排查优化主图详情页面，查看商品利益点是否突出，做好调整，并且加大促销力度（如增加多件优惠提高客单等）。

活动结束后，页面素材要及时更换。了解仓库发货进度，尽快发货，一般抢购活动尽量在24小时内完成发货，以提高客户的购物体验。如是爆款可立即按计划报名下一场次的淘抢购。

发货48小时后就会陆续收到顾客评价，查看客户对活动商品的评价，了解老客户对活动的优惠力度是否满意，新顾客对产品品质是否满意，如有不足，记录整理，在下次活动中进一步改进。

6.13　店铺常见法律法规问题

电子商务法规越来越完善，相关的制度和规则也纷纷出台，在淘宝平台上经营店铺，不但要遵守淘宝平台的相关规则，诚信经营，也要学习电商相关的政策和法律法规。

1．食品流通许可证

首先，针对农村电商，如果销售的是初级农产品，可以不用办理食品流通许可证，可以在初级农产品的类目下直接发布宝贝。但如果产品经过加工处理的，作为商家则必须要向工商部门申请办理食品流通许可证，并且生产的产品要有 QS 标志，严格遵守包装规定，写明相关的成分、服用量、储存条件等。

2．价格法

在电商运营中，某些不诚信的商家会经常虚构原价，先把原价虚构抬高，再打折销售，以吸引客户购买。电商的价格法就是针对这种情况应运而生的，电子商务运营中，商品的原价并不是卖家想写多少就写多少的，必须要有根源和出处。可以在物价局备案，或者在以前的销售过程中有此价格的成交记录，随意虚构原价就会违反价格法，这个在电商运营中要格外注意。另外在产品详情页中对价格情况进行说明，也是一种比较好的方法，以防止客户误解，如图 6-48 所示。

图6-48　价格说明

3．食品安全问题

民以食为天，食品安全问题是重中之重，农村电商所销售的产品很多都是食品，在经营的过程中，要严守食品安全的道德底线，防止农药残留超标等质量问题。

4．广告法

被称为“史上最严”的新广告法于2015年9月1日起实施，与电商页面宣传关系很大的主要是极限词，在淘宝页面中一定要注意不要使用极限词，如第一、最大、最好、顶级、首家、独家、全国领先等用语，还有与“虚假”有关的也不能出现，比如永久、万能、祖传、特效、纯天然等，这些都是要在实际的店铺运营中特别注意的。